Robert James Lees

REISE IN DIE UNSTERBLICHKEIT

(Band 2)

Von Robert James Lees sind folgende Titel
im Drei Eichen Verlag, D-97762 Hammelburg, erschienen:

REISE IN DIE UNSTERBLICHKEIT (Band 1)
„Das Leben jenseits der Nebelwand"
ISBN 978-3-7699-0610-3

REISE IN DIE UNSTERBLICHKEIT (Band 2)
„Das elysishe Leben"
ISBN 978-3-7699-0646-2

Voraussichtlich im *Herbst 2014* erscheint der,
das Gesantwerk abschließende Band:
REISE IN DIE UNSTERBLICHKEIT (Band 3)
„Vor dem Himmelstor"
ISBN 978-3-7699-0654-7

Das in diesen Werken einige Male zitierte Buch **„The Heretic"** („Der Ketzer"), ebenso wie das Buch **„My Books - how they were written"** von Robert James Lees, sind, nach derzeitigem Wissen des Verlages, *nicht in die deutsche Sprache übersetzt* worden. Gleichermaßen sind die in diesen Bänden vermerkten **„noch unveröffentlichten Manuskripte"** und **„Kundgaben Myhanenes"** nicht auf Deutsch erschienen. Das angesprochene Material liegt dem Verlag nicht vor!
(Stand der Information: April 2014)

Robert James Lees

REISE IN DIE UNSTERBLICHKEIT

Band 2
der Berichte aus dem Jenseits

Das elysische Leben

DREI EICHEN VERLAG

Die englische Originalausgabe dieses 2. Bandes trägt den Titel:
»The Life Elysian«.
Die englische Original-Ausgabe ist im Verlag
Eva Lees, Leicester/England erschienen.
Vom Verfasser autorisierte deutsche Originalausgabe,
herausgegeben von John.
Aus dem Englischen übertragen von Peter Andreas.

ISBN 978-3-7699-0646-2
Verlagsnummer 10646

10. Auflage 2014
Satz: »Satzstudio Drei Eichen«, Hammelburg
Gesetzt aus der RotisSemiSerif (12 pt.)
Umschlaggestaltung: Manuel-V. Kissener, Hammelburg

Weitere Infos zum Verlag: **www.dreieichen.com**

FSC
www.fsc.org
MIX
Papier aus verantwortungsvollen Quellen
Paper from responsible sources
FSC® C105338

Inhalt

Zum rechten Verstehen

Der erste Band der „Reise in die Unsterblichkeit“ hat eine über Erwarten starke Anteilnahme gefunden. Viele Leser-Briefe haben mir gezeigt, wie groß das Interesse an einer Jenseitsschilderung ist, die sich souverän über den Bereich der Irrtümer und Theorien erhebt und aus wirklich ungetrübten Quellen stammt.

Der nun hier vorliegende zweite Band, den Robert James Lees niederschrieb, vertieft das im ersten Band Niedergeschriebene, das uns das wohl größte Medium unserer Zeit als dienendes Werkzeug der eigentlichen, geistigen Autoren übermittelt hat.

Seine Leistungen sind in der Tat so ungewöhnlich, dass es gewiss verzeihlich ist, wenn noch immer einige Leser von Zweifeln über die Herkunft der Kundgebungen geplagt sind. Diese Leser seien noch einmal auf die dem Band I vorangestellte Lebensschilderung Lees' hingewiesen, ganz besonders aber auf seine eigenen Vorworte in Band II und III, deren Schlichtheit und Klarheit für sich selber sprechen.

Das Verständnis dieser Voraussetzungen erscheint mir unerlässlich angesichts der Höhen, in die uns die beiden letzten Bücher führen werden. Sie reichen über die „Himmelsbrücke“ hinaus bis in die Vorbezirke des ersten Himmels. Wann ist in den letzten Jahrhunderten in einem jedermann zugänglichen Buch verlässliche Kunde aus diesen hohen Bereichen zu uns gedrungen? Fast alle Jenseits-Kundgaben, selbst von als hochentwickelt geltenden Medien, stammen nach den uns hier gegebenen Belehrungen gewöhnlich aus der vierten und Eingangs-Sphäre, ganz selten aus der 5. Sphäre des Zwischenreiches.

Die Dreiteilung der Welt und allen Lebens auf ihr, die festen Grenzen, aber auch die Verbindungsmöglichkeiten der drei Schöpfungsbereiche miteinander, kommen mit großer Klarheit zum Ausdruck. Und hier finden wir auch den Schlüssel zum tieferen Sinn unseres Lebens.

Diese drei Abschnitte sind:

1. *Das irdische Dasein als sterblicher oder Kindheitszustand unseres Seins.* Der Erdenmensch (als „Kind“) kann wohl Gebote und Verbote verstehen und ist für seine Handlungen, seinen Ungehorsam verantwortlich. Die Wirkungen von Gut und Böse kann er jedoch noch nicht immer klar erkennen.

2.: *Die Lehrzeit oder Jugend unseres Daseins.* Die Seele wird, je nach ihren Bedürfnissen, erzogen und darauf vorbereitet, ihrer wahren Berufung als Kind Gottes zu folgen. In ihrer Höherentwicklung durchschreitet die Seele die sieben Sphären des Übergangszustandes oder Zwischenreiches, ähnlich wie ein Schüler acht und mehr Schulklassen absolviert. Der allliebende gerechte Vater belohnt seine Kinder nach ihren Werken in Erfüllung der Verheißung, dass alle Menschen gerettet werden.

Haben wir die sieben Sphären durchschritten, so nähern wir uns dem

3. Abschnitt: *dem Mannesalter.* Nach Beendigung der Lehrzeit und Ablegung aller Irrtümer und Schwächen tritt die Seele ihr Erbteil als Kind Gottes an. Jetzt ist erfüllt, was

Jesus Christus klar in die Worte fasste: „Ihr müsst von neuem geboren werden!“

Dieser Augenblick der zweiten Geburt, nicht aber die Ablegung unseres Körpers erweist sich, wie wir belehrt werden, als die Scheidelinie zwischen den Welten. Schon hier auf Erden kann sie erreicht werden, wenn auch nur wenigen Menschen dies zur Zeit gelingen mag.

In diesem Gottesplan nimmt die Frage einer irdischen Wiedergeburt (Reinkarnation) keinen zentralen Platz ein. Spätere Kundgaben der in den Werken Lees' zu Worte kommenden hohen Geistwesen haben mich veranlasst, der zweiten Auflage dieses Bandes eine Fußnote am Ende des Kapitels „Cushnas Pflegeheim“ anzufügen, die das Reinkarnations-Phänomen ihren eigenen Worten gemäß erläutert. Mit der Bekräftigung, dass auch hier der freie Wille des Menschen ausschlaggebend ist, wird der Reinkarnation eine deutlich begrenztere Rolle zugewiesen als weitläufig angenommen.

Die Dinge, auf die es wirklich ankommt, werden uns dagegen klar gezeigt: die ständig offene und allgegenwärtige Verbindung zum geistigen Reich, die Rolle der Propheten und die überragende Aufgabe Jesu Christi selber.

Was über das „Schlafleben“ gesagt wird, ist darüber hinaus von unmittelbarer praktischer Bedeutung für uns, da es uns ein Rüstzeug für unsere eigene Weiterentwicklung an die Hand gibt. Lees hat am eigenen Beispiel bewiesen, dass das Hinüberbringen des Tiefschlaf-Gedächtnisses (nicht des Traumgedächtnisses) in den Wachzustand keine Unmöglichkeit ist. Es dauerte über 15 Jahre, bis er diese ungewöhnliche Fähigkeit voll entwickelt hatte. Dann jedoch beherrschte er sie so vollkommen, dass sie ihm auch bei der Niederschrift des abschließenden dritten Bandes, „Vor dem Himmelstor“, wesentliche Hilfe leistete. Kein Kapitel der gesamten Trilogie wurde ohne gründliche Vorbesprechungen und eine Nachkontrolle von „beiden Seiten“ abgeschlossen.

Das fertige Manuskript des dritten Bandes „Vor dem Himmelstor“ wurde nach dem Tode Lees' vorgefunden und etwa 40 Jahre nach Erscheinen des ersten Bandes von seiner Tochter Eva veröffentlicht. Ihr, der selbstlosen Dienerin am Werke ihres Vaters und dem Übersetzer Peter Andreas sei hier besonderer Dank gesagt.

Dieses Buch in deutscher Sprache wäre nicht das, was es ist, ohne die im Laufe der Jahre stets stärker fühlbar und schließlich zur Gewissheit gewordene aktive geistige Mithilfe und Führung bei seiner Übertragung und Herausgabe. Ihnen, die von höherer Warte aus über unsere Schritte gewacht haben, sei dieser Band in tiefer Dankbarkeit zugeeignet.

Wir glauben und hoffen, dass von ihm ein großer Segen ausgehen wird.

Krün (Obb.), im April 1961

JOHN
(Herausgeber)

Band II:

Das elysische Leben

Vorwort

Dieses Buch ist ebensowenig ein Roman wie sein Vorläufer, der erste Band dieser „*Reise in die Unsterblichkeit* – Das Leben jenseits der Nebelwand“, auf dessen Inhalt es aufbaut.

Man möge mir erlauben, noch einmal zu betonen, dass ich mich in keiner Weise als sein Autor betrachte.

Diese Versicherung, die ich aufrichtig und in Ehrfurcht vor Gott abgebe, mag vielen meiner Leser immer noch als unfassbar erscheinen.

Wir leben in einem Zeitalter der technischen Wunder, sie sind Gegenwart für uns. Das jedoch, was uns die Heilige Schrift berichtet, ist uns zur Glaubenslegende geworden. Wir sind in Gefahr, zu vergessen, das Gott unwandelbar ist. Doch er ist noch derselbe Gott, dessen Engel einst von Abraham empfangen wurden. Seine Boten wirken heute wie ehedem.

Ich entstamme mütterlicherseits einem Geschlecht, dem durch Generationen prophetische Gaben geschenkt waren; sie wurden mir mit in die Wiege gelegt. Trotzdem verbrachte ich Jahre des Zweifelns und Suchens, bis ich von denen, die mich, lange ohne mein Wissen, führten, unanfechtbare Beweise ihrer Eigenschaft als Boten aus dem reingeistigen Bereich erhielt.

Dann aber wurde meine Verbindung zu ihnen von Jahr zu Jahr inniger, die Beweise ihrer Treue und übermenschlichen Fähigkeiten immer zahlreicher. Schließlich gelang es ihnen, in meiner Gegenwart feste körperliche Form anzunehmen, so dass ich sie berühren und mit ihnen sprechen konnte.

Unser Verhältnis ist jetzt schon seit Jahren so vollkommen und natürlich, dass sie meine Bücher lesen und stundenlang bei vollem Tageslicht in meinem Arbeitszimmer bleiben können.

Manchen meiner Leser wird die Behauptung ungeheuerlich erscheinen, und er mag, bestürzt oder bekümmert, versucht sein, das Buch aus der Hand zu legen. Ich weiß sehr wohl um die Ungewöhnlichkeit dieser Botschaft. Aber sie scheint nur deshalb so unglaublich, da der Menschheit die Beweismöglichkeiten für diesen äußerst wichtigen Teil des göttlichen Wirkens entglitten sind. Ich lege Zeugnis von seinem Fortbestehen ab, ruhig, ehrfürchtig und dankbar in der Gegenwart Gottes, dessen Engel mit Jakob kämpften, Daniel halfen, Petrus aus dem Gefängnis befreiten und den Stein vom Grabe des Sohnes fortrollten. Es ist immer noch derselbe Gott!

Vor einigen Jahren erschien der erste Band, den ich für Freunde niederschrieb. Niemals war sich ein Schriftsteller mehr darüber im Klaren, dass sein Werk weit hinter dem Ideal zurückblieb. Schon die Übersetzung in eine fremde Sprache ist ein schwieriges Unterfangen. Um wieviel schwerer musste es sein, die reine Geistigkeit des jenseitigen Lebens in die große, unmusikalische Sprache unserer Erde zu übertragen!

Dennoch war die Ernte unseres Mühens über alles Erwarten reich, so dass Aphraar schließlich einwilligte, einen zweiten Teil zu beginnen. Ich lege ihn nun vor, in demütiger Dankbarkeit dafür, dass ich ihn mitschaffen durfte und in der Hoffnung, dass er durch den Segen Gottes vielen Lesern helfen möge, den Weg heimwärts leichter zu finden.

Robert James Lees

Die Familie im Paradies

Als ich meine erste Botschaft zur Erde sandte, war ich mir sehr wohl darüber im Klaren, dass sie auf heftiges Vorurteil, glatten Unglauben und hier und dort auf frommes Entsetzen stoßen musste. Die weitaus überwiegende Zustimmung meiner Leser aber hat mich reichlich dafür entschädigt, und hunderte von Briefen an den, der die Feder für mich führte, haben mich veranlasst, mein Versprechen einzuhalten und meinen Bericht fortzusetzen.

Ich weiß, wovon ich spreche. Ich kenne die Schwächen und auch die Sehnsüchte der Menschen, die zu glauben und zu wissen meinen, was die Wahrheit ist. Deshalb will ich nochmals betonen, dass dieses Buch keine spekulative Philosophie über das Jenseits darstellt, sondern die Wirklichkeit beschreibt, wie ich sie vorgefunden habe.

So bitte ich dich, lieber Leser, mir zuzuhören, bevor du mich in deiner Ungläubigkeit als einen gotteslästerlichen Betrüger bezeichnest. Bist du wirklich in der Lage ein Urteil zu fällen, kennst du alle Wege Gottes, der du den Jordan noch nicht überschritten hast? Darum und um deiner selbst willen, höre, und fälle dein Urteil nach dem Wort: „An ihren Früchten sollt ihr sie erkennen!“

Bevor ich den Faden meiner Erzählung wieder aufgreife, lasst mich noch einmal hervorheben, dass jede Seele beim Ablegen des Körpers und Hinübergehen ins Jenseits individuell behandelt wird. Jeder geht an einen seinem Geisteszustand angemessenen Ort. Der körperliche Tod bewirkt keine Wunder. – So, wie jeder Mensch die Erde verlässt, so tritt er auch in den geistigen Lebensbereich ein, oder sollte ich genauer sagen, so setzt er sein geistiges Dasein auf der nächsten Ebene fort. Dabei tritt er die Ernte dessen an, was er auf Erden selber säte. Allein seine Werke auf Erden bestimmen den Zustand seiner Seele.

Bei meiner ersten Reise durch das Land der Unsterblichkeit*) war ich von CUSHNA, MYHANENE und anderen geistigen Lehrern liebevoll gelenkt worden. Die Überraschungen und Offenbarungen, die sie mir bereiteten, lenkten mich bewusst von dem einen Wunsch ab, der mein Innerstes beseelte, meine Mutter zu finden. Ich hatte ihre Liebe auf Erden fast mein ganzes Leben lang entbehren müssen. Hätte ich gewusst, wo sie im Jenseits zu finden sei, ich wäre zu ihr gestürzt, koste es was es wolle.

Gott aber handelt niemals zu spät, wenn wir uns nur in Geduld seinem Willen unterordnen. Und bald erkannte ich klar, dass SEIN Weg der richtige war. Zu planen, was man im Himmel tun möchte, ist tausendmal sinnloser, als wenn ein Kind sich damit brüstet, was es als Mann vollbringen werde. Das Leben im Elysium ist so gedrängt voll von überwältigenden Erlebnissen, so wundersam süß und vielfältig, dass vor ihm auch die reinsten irdischen Vorstellungen verblassen müssen.

Mit Hilfe meiner Freunde und vielleicht ohne, dass es mir selber bewusst wurde, hatte ich mich der sanften Hand Gottes überlassen. Und während ich lernte und ständig neue Eindrücke empfing, wurde ich unmerklich auf den großen

---

*) Es darf vorausgesetzt werden, dass der Leser bereits den ersten Teil der „Reise in die Unsterblichkeit« gelesen hat, ehe er jetzt den zweiten Teil zu lesen beginnt.

Augenblick vorbereitet, in dem ich meine Mutter wiederfinden sollte.

Erkannte ich sie, als dieser Augenblick gekommen war? Die Frage, ob wir unsere Lieben im Jenseits wiedertreffen und -erkennen, bewegt die Gemüter der Menschen immer wieder. Ich glaube, ich kann sie besonders gut beantworten, denn bei mir, der ich meine Mutter im allerfrühsten Kindesalter verloren hatte, müsste doch das Erkennen besonders schwierig, ja nach irdischen Begriffen kaum möglich gewesen sein.

Erkannte ich sie also?

Ja, ohne den leisesten Zweifel! Ich wusste sogar, dass sie es war, noch bevor der Vorhang, vor den mich MYHANENE geführt hatte, zurückgezogen wurde. Wie das möglich war, ob durch die Anziehungskraft der Liebe oder eine andere, über die Sinne hinausreichende geistige Fähigkeit, kann ich nicht sagen.

Der Vorhang wich und wir lagen einander in den Armen. So augenblicklich war dieser Impuls, dass ich, meinen Kopf an ihre Schulter pressend, kaum einen flüchtigen Blick auf ihr Antlitz geworfen hatte. So hielten wir uns lange, schweigend und glücklich umschlungen. Schließlich richtete ich mich auf und nahm ihren Kopf zwischen meine Hände, um zum ersten Mal in ihre Augen zu blicken.

Zum ersten Mal, sage ich?

So meinte ich jedenfalls, bis unsere Augen sich trafen. Im gleichen Augeblick überrollte mich eine Flutwelle der Erinnerung.

„Vaone“, stieß ich hervor.

„Aphraar", flüsterte sie.

Sei nicht bekümmert, liebe Seele, wenn das Kind, das du verlorst, zur blühenden Vollkommenheit herangewachsen ist, wenn du die Schwelle zum nächsten Leben überschreitest. Es wird dir nicht entfremdet sein. Als ich in die Augen meiner Mutter sah, wusste ich plötzlich, dass ich sie in all den Jahren meines Sehnens nicht entbehrt hatte. Die meisten Stunden meines Schlafes hatte ich mit ihr verbracht, in jenem Grenzbezirk zwischen der materiellen und der geistigen Welt, den Gott in seiner Gnade für den Trost einsamer Seelen eingerichtet hat. Als Vaone war sie mir in all diesen Stunden bekannt und eng vertraut gewesen.

Die Naturwissenschaft hat längst entdeckt und bewiesen, dass die Materie unzerstörbar ist. Wo sind die Verkünder der geistigen Wissenschaft, die die logische Folgerung daraus zu ziehen wissen? Dass nämlich, wenn das Instrument unzerstörbar ist, auch der es führende Geist mindestens ebenso unzerstörbar sein muss? Der Mittag kann niemals zur Mitternacht werden. Ist es bei uns Mitternacht, dann steht der Mittag, als solcher unverändert, in Opposition auf der Gegenseite.

So ist das Leben immer der Gegenpol des Todes. Es kann nicht untergehen.

Unsere Liebe zu denen, die uns verlassen haben, ist gleich der Pflanze, die aus verborgenem Dunkel dem Licht entgegen wächst. Beide müssen nach göttlichem Gesetz ihr Ziel erreichen.

Die Seele ist in Besitz unendlicher Geheimnisse, die sie den Menschen zuflüstern würde, wären nur die Pforten der

Erinnerung breit genug, ihre Stimme durchzulassen. Der Mensch hat diese Pforten selbst errichtet, hat das Nadelöhr seiner Systeme aufgestellt. Wenn Gottes Wahrheit zu groß ist, als dass sie durch dieses Öhr gelangen könnte, was wird dann getan? Gewöhnlich wird die Wahrheit verkleinert!

Aber der Baum des Lebens sendet seine Zweige durch die Risse der baufälligen Mauer, die ihn verbirgt. Die Liebe muss und wird einen Weg finden, der Erde die Wahrheit über das Jenseits zu bringen. Der Schlaf ist die Brücke dafür.

Ich weiß, dass einige meiner Kritiker fragen werden: „Wenn das so ist, warum ist es der Menschheit dann nicht schon längst klar vor Augen geführt worden?"

Ich kann ihnen nur antworten, dass die Heilige Schrift eine Fülle von Hinweisen darauf enthält. Alle großen Gaben Gottes, auch die noch unentdeckten Früchte der Wissenschaft, liegen am Pfade der Entwicklung, für jeden zugänglich, der ihn gehen will. Gott wirft seine Schätze nicht den Untätigen in den Schoß. Nur wer suchet, der findet. Unwissender Dünkel bedeutet Stillstand, ja Rückschritt.

Aber zurück zu meiner Mutter. Ich hatte sie im Augenblick des Erkennens bei dem Namen genannt, der mir aus unseren vielen Begegnungen im Grenzbezirk des Schlaflebens geläufig war: „VAONE". Mit allen anderen irdischen Merkmalen war auch das Wort „Mutter", das innigste von allen, in die Vergangenheit gesunken. Im Reich der Unsterblichkeit hat das Verhältnis Mutter–Kind keine Berechtigung mehr.

Diese Behauptung mag auf den ersten Blick vor den Kopf stoßen. Aber lasst uns sehen, was sie bedeutet, und wir werden erfahren, dass wir für das Aufgeben einer uns liebgewordenen, aber dennoch unwirklichen Vorstellung mit einer viel schöneren Wahrheit belohnt werden.

Paulus, der Lehre Christi folgend, hat uns das Gesetz erklärt, dass Fleisch und Blut nicht das Erbe des Königreiches antreten können. Wenn dem so ist, dann folgt daraus, dass die für die irdische Existenz geltenden Unterscheidungen aus dem Bereich des Geistigen ausgeschlossen sind, damit die göttlichen Kräfte ungestört wirken können.

Die Vorstellung, dass eine Familie im Himmel wiedervereinigt wird, ist eine seit Jahrtausenden von Kulturen in Ost und West gepflegte Überlieferung. Aber schon die Tatsache, dass ein Mensch durch Heirat in einen zweiten Familienkreis eintritt, weist auf die Unmöglichkeit hin, dieses Ideal zu verwirklichen.

Darüber hinaus aber gibt es andere Kräfte, die noch weit stärker auseinanderstreben: Fragen des Geschmacks, der Moral, der geistigen Eigenart, ja alle Aspekte der Zivilisation überhaupt. Auf allen diesen Gebieten bilden sich Gruppen gleichen Interesses, die oft einen weit stärkeren Einfluss auf den Menschen ausüben als seine Blutsbande. Und wenn es darum geht, dass wir im Erdenleben vorankommen, sind wir, und mit uns unsere Angehörigen, fast immer bereit, die Trennung von Eltern und Geschwistern als unvermeidlich und selbstverständlich anzusehen.

Muss diese Regel nicht noch viel mehr für ein höheres Leben gelten? Die geistige Beziehung von Seele zu Seele wirkt weit stärker als jede Blutsverwandtschaft. Im Jenseits ist Gott unser aller Vater, und alle Rassen sind gleichermaßen seine Söhne und Töchter. Im Vergleich zu seiner Vaterschaft tritt jeder andere Anspruch zurück. Ewige Gesetze heben irdische auf und wenn Gott uns auf Erden Verantwortung für eines seiner Kinder gab, so dürfen wir nicht glauben, auf die Treue seiner Seele mehr Anspruch zu haben als Gott.

Blutsverwandtschaften verlieren, zusammen mit allen anderen Eigenschaften des Fleisches, ihre Bedeutung in der Todesstunde. Jede Liebe und geistige Verwandtschaft aber bleibt erhalten, ja jedes Korn der Erinnerung an das, was uns verband: Nicht als Mutter und Kind, eine solche Beziehung würde uns zu weit von einander entfernt halten, sondern in der heiligeren Gemeinschaft von Seele zu Seele, die niemals gebrochen werden kann. Gott bindet jede wahre Liebe.

Der Gedanke eines für immer vereinten Familienkreises im Jenseits ist dadurch entstanden, dass die Menschen versuchen, irdische Gegebenheiten als Regel und Gesetz des Himmels anzusehen. Die Elternliebe hat auf Erden eine notwendige Aufgabe zu erfüllen, im geistigen Bereich aber gibt es nur die allumfassende Vaterschaft Gottes. Wir verlieren nichts dabei als ein äußerliches und nicht selten sogar oberflächliches und entfremdetes Verhältnis.

Das Band zwischen Vaone und mir ist viel enger als das zwischen Mutter und Sohn. Wir werden niemals vergessen, was wir füreinander waren, aber die physische Schranke ist geschwunden, und unsere Liebe ist größer und stärker als ich es jemals ahnte. Ich bin zwar um eine Illusion ärmer, aber ich durfte auch entdecken, dass die Wirklichkeit, die „Gott denen bereitet, die ihn lieben", unendlich größer ist, als diese Illusion.

Die Liebe Gottes

Habe ich euch enttäuscht und entmutigt, wenn ich versuchte, ein euch so vertraut gewesenes Idol zu zerstören? Wenn dem so ist, versucht es für den Augenblick hinzunehmen, so gut es geht. Ich weiß sehr wohl, wie das Herz beim Gedanken an solche Dinge zurückschreckt. Aber auch der Chirurg, der sein Messer tief führt, ist deshalb noch nicht der Feind unseres Wohlbefindens, sondern eher der wahre, wenn auch schmerzhafte Freund.

Alles, was der geistigen Wahrheit entgegensteht, muss zuerst entfernt werden, bevor wir die inneren Räume „in unseres Vaters Hause“ betreten dürfen.

Wenn du, mein lieber Leser, unsere Botschaft nicht annehmen kannst, so werden wir dem Beispiel Jesu Christi folgen und – uns abwenden. Eines Tages aber wirst du die Wahrheit erkennen. Und wenn du unsere Botschaft zurückgewiesen hattest, wirst du bedauern, dich der Möglichkeit schnelleren geistigen Fortschritts verschlossen zu haben. Ich spreche nicht von „Strafe“ – denn Gott ist nicht rachsüchtig! Möge dir dieses Bewusstsein die Enttäuschung mildern, die ich dir vielleicht bereiten musste.

Aber zurück zu meinen Erlebnissen. Hatte ich mit dem Wort „Mutter“ etwas verloren? Gewiss den Schatten vom Sonnenschein, die Spreu vom Weizen, den Dorn einer Rose, die Ungewissheit, ob mein Glück vollkommen oder nur Stückwerk sei. Als ich die Erschütterung überwunden hatte, wusste ich, dass ich einen „neuen Himmel, in dem Gerechtigkeit herrscht“ gefunden hatte. Einen Himmel, der frei von allen kleinen menschlichen Maßstäben ist. Ich stand an der Schwelle der Ewigkeit.

MYHANENE hatte mir Ehrfurcht eingeflößt. In seiner Gegenwart schien alles von Leben und Liebe durchpulst; doch zugleich wusste ich, dass er Dinge sah, Inspirationen erhielt und Meditationen führte, die für mich noch unerreichbar waren. Bei Vaone war all das anders. An ihrer Seite saß ich, völlig der süßen Ruhe hingegeben. Die Landschaft vor unseren Augen war von unbeschreiblicher Lieblichkeit. Mein „Ich" und die Außenwelt schienen zum ersten Mal in vollkommenem Gleichklang zu stehen. Ich sage absichtlich nicht Harmonie, es war ein absoluter Gleichklang!

Auf Erden ist auch die tiefste und köstlichste Ruhe niemals ganz vollkommen. Es bleibt immer ein nicht erreichbares Etwas, dem wir nachträumen. Dieses Etwas war jetzt erfüllt, ja man könnte fast sagen, dass Ruhe und Frieden hier fast *zu* vollkommen waren; sie mochten die Gefahr der Trägheit mit sich bringen, wenn man sich ihrer nicht widersetzte.

Man wird vielleicht fragen, wie weit ein solches Land von der Erde entfernt ist. Lasst mich soviel sagen: In den Dingen, von denen ich spreche, gibt es nah und fern nicht im geographischen Sinne, sondern nur in der Form des Zustandes. Geistig gesprochen bin ich nur zwei Stufen von der Erde entfernt. Die dazwischen liegende Stufe werde ich bald noch näher erwähnen.

Deshalb berichte ich hier nicht von Dingen, die für den Menschen schwer erreichbar wären. Das wäre nicht ehrlich gegenüber den vielen, die auf ihrem Lebenswege behindert oder falsch gelenkt worden sind. Mein jetziger Zustand kann leicht von allen erreicht werden, die die „Goldene Regel“ annehmen und ihr Bestes tun, sie zu verwirklichen. Über meine Sphäre hinaus gibt es andere von unbeschreiblichem Glanze, die von jenen betreten werden können, die dem Leben Christi so folgen, dass sie dessen würdig sind. Aber von diesen höheren Stufen spreche ich an dieser Stelle absichtlich nicht. Die meisten Menschen verwenden keine ernsten Gedanken auf das, was *nach* ihrem Erdenleben kommt. Aber ich glaube, ihr Interesse schlummert nur. Ich möchte es wachrufen, nicht durch die Schilderung scheinbar „unerreichbarer“ Dinge, sondern meiner eigenen Erfahrungen.

Eine seltsame Vision hatte mich überkommen, als ich mit Vaone auf dem Dach unseres Hauses stand, dem friedvollen Anblick des in süßeste Ruhe eingebetteten Tales hingegeben. Plötzlich schien sich die Atmosphäre zu ändern. Jeder Punkt der Landschaft blieb klar erkennbar, aber das ganze Panorama begann in seltsamer Form an Leben zu gewinnen. Vaone sah es und mahnte mich mit einem Druck ihrer Hand, ruhig zu bleiben.

Wer beschreibt meine Verwunderung, als plötzlich wohlbekannte Gesichter unter den Bäumen, entlang des Flüsschens, ja überall um mich herum sichtbar wurden! Die Umrisse einer düsteren, dürftig eingerichteten Missionshalle gewann Gestalt und vermischte sich mit der Erscheinung des Tales. Wie scheinbar widerspruchsvoll und doch harmonisch war dieser Anblick! Nur zu gut erinnerte ich mich des kleinen Zions im Londoner Eastend, mit dessen ärmlicher Gemeinde ich manche Stunde verbracht hatte. Welch eine magische Verwandlung hatte es erlebt.

Schließlich erklang der Missionschoral. Ich glaube, dass mich Musik niemals im Leben so stark berührt hat, wie in diesem Augenblick. Und weiß Gott, ich hätte gerne wieder mein irdisches Kreuz auf mich genommen, wenn ich damit diesen unglücklichen Menschen ihre Bürde hätte tragen helfen können. Doch eine sanfte Stimme flüsterte aus der Stille meines Innern: „Sie werden mein sein an dem Tage, da ich meine Juwelen einsammle"; und in der Zuversicht dieses Versprechens entschwand die Vision.

Ihre Bedeutung konnte mir nicht verborgen bleiben; sie hat mit der Aufgabe zu tun, die noch vor mir liegt. Ich war also doch nicht so weit entfernt von meinen früheren Freunden, und die Erscheinung war gleich einer inständigen Bitte, in meiner neuen und glücklicheren Umgebung nicht vergessen zu werden. Dies gab mir neuen Auftrieb, das Werk, das ich mir vorgenommen hatte, mit aller Kraft anzupacken.

„Ich wünschte, ich hätte viel, viel mehr für jene armen Menschen getan", wandte ich mich schließlich zu Vaone.

„Aber hast du nicht getan, was du konntest? Wie wenig das auch gewesen sein mag, es war für Gott getan."

„Was ich tat geschah weder im Namen Jesu noch im Namen Gottes. Ich habe dabei an keinen von beiden gedacht, sondern nur an die Menschen. Nein, Vaone, buche mir keine Beweggründe auf mein Konto, die mir niemals in den Sinn kamen!"

„So ihr es für den geringsten meiner Brüder tatet, so tatet ihr es für mich!" (Matth. 25, 40). „Ist das nicht genug?" Ein zuversichtlicher Schimmer in ihrem liebevollen Blick begann in mir ein Licht neuer Offenbarung anzuzünden.

„Kann Gott ein so unbedeutendes Werk so großzügig auslegen?"

„Er tut es. Glaubst du, du könntest seine Güte mit irdischen Maßstäben messen? Höre, Aphraar, und lass meine Worte durch deine Erfahrung bestätigt werden: Die trügerischen und falschen Vorstellungen über Gott und die Unsterblichkeit sind alle auf ins Gegenteil verkehrte Ausgangspositionen gegründet. Der Mensch gründet seine Vorstellungen auf sich selbst, statt erst etwas von Gott zu erkennen und danach seine Umwelt zu beurteilen. Hier aber herrscht Gott allein. Sein Gesetz ist vollkommen, seine Gerechtigkeit ist allumfassend. Rechtschaffenheit ist natürlich und Irrtum kann nur durch bewusste Absicht entstehen. Verstehst du das?"

„Ich glaube nein."

„Vielleicht nicht. Du trägst noch zu viele Erdeneinflüsse mit dir, und wenn du manches nicht verstehst, liegt es wohl daran, dass du die Dinge nicht richtig in deine Denkweise überträgst."

„Ah", rief ich, „erzähl mir mehr darüber. Wie wenig weiß ich bisher. Warum erwachte ich mit dem kleinen Jungen nach unserem ‚Tode' auf dem Wiesenhang, ohne dass uns jemand sofort beistand? Warum hatte man uns nicht in eines jener Ruheheime getragen, damit wir schlafen konnten, bis all diese irdischen Einflüsse gebrochen waren?"

„Lieber Aphraar, es gibt unendlich viele Wege, auf denen sich die Entkörperung vollziehen kann: Sie alle sind vollkommen natürlich und ganz den jeweiligen Umständen angepasst. Der Ruheschlaf kann drei Gründe haben: vorangegangene längere Krankheit, die eine Art Erschöpfung der Seele verursacht; einen starken Lebenswillen, der zeitweilig so etwas wie eine Hysterie verursacht, oder schließlich den unbeherrschten Kummer von Hinterbliebenen, der, wie du selbst gesehen hast, die Neuankömmlinge zur Erde zurückzieht. In allen solchen Fällen wird für eine Periode des Schlafes gesorgt, während derer die Seele sich langsam umstellt. Aber bei Dir bestand keine dieser Ursachen. Du kamst hierher infolge eines Unfalls, wie man auf Erden sagen würde, aber du warst durchaus gesund, und, was sich noch mehr zu deinen Gunsten auswirkte, hattest du keinen sehr starken Wunsch, im fleischlichen Körper weiterzuleben."

„Dein großer Wunschgegenstand", und dabei sah Vaone liebend in meine Augen, „war schon hier. Die Loslösung vom Körper traf also kaum auf seelischen Widerstand, und es gab keinen Grund, mehr als die kurze Pause am Wiesenhang vorzusehen. Und was später geschah: Hätte es besser für dich vorgesehen sein können?"

„Gewiss nicht! Es ist die geradezu entwaffnende Vollkommenheit, die mich verwirrt. Es ist *zu* gut! Ich bin dessen nicht würdig, und aus diesem Grunde begreife ich es nicht."

„Ich glaube, ich muss dich wieder aus einer Sackgasse hinausführen", antwortete sie sanft. „Vielleicht ist es zu gut, aber weil es von Gott ist, muss es notwendigerweise so sein. Erinnere dich an das Gleichnis vom verlorenen Sohn! Er wäre zufrieden gewesen, die Stelle eines Knechtes anzunehmen, aber der Vater sagte, ‚bringt her die schönste Kleidung, tut einen Ring an seine Hand und Schuhe an seine Füße'. In deinem früheren Leben konntest du alle Gedanken an Gott ausschalten. Hier aber kannst du nur mit IHM leben und lernst IHN so kennen, wie er wirklich ist."

Meine Gedanken nahmen eine andere Richtung. „Würdest du mir etwas über dich selbst erzählen?", fragte ich zögernd. „Mein Vater – siehst du ihn jemals?"

Kaum hatte ich diese Frage ausgesprochen, begann ich sie auch schon zu bereuen. Vaone aber las meine Gedanken sofort. Ihr Gesicht verdüsterte sich nicht, es wurde eher weicher, als ihr Lächeln einem ruhigen Ausdruck wich.

„Warum möchtest du deine Frage zurücknehmen?"

„Ich weiß nicht – vielleicht weil ich kein Recht habe, sie zu stellen."

„Du hast jedes Recht dazu, nach einer Beziehung zu fragen, aus der du entstanden bist. Ich sah deinen Vater einmal im Grenzbereich des Schlafes. Er erkannte mich nicht, so dass wir nicht miteinander sprachen. Es war besser so, denn unsere Verbindung war nichts mehr als eine kühle Freundschaft gewesen. Unsere Heirat war eine Zwecküberlegung, die meinen Vater vor einigen finanziellen Unannehmlichkeiten bewahrte. Ein Umstand, den man mich nie vergessen ließ. Als deine Schwester geboren war, wurde sie meiner Obhut sofort entzogen. Dann kamst du, und ich hatte kaum Zeit, dich zu küssen, bevor all meine Plage endete."

„Und deine eigene Familie?"

„Bei ihr war mein Glück nicht viel besser. Meine Mutter hatte eine tiefe Abneigung gegen Kinder und ließ mich spüren, dass ich für sie ein Eindringling war. Sie starb schon während meiner Kindheit, und meine Erinnerung an sie ist mehr von Furcht als von Liebe bestimmt. Deshalb habe ich keine Anstrengungen gemacht, sie zu finden, seit ich selber hier bin. Ich könnte das leicht, aber wo Liebe und Mitgefühl fehlen, ist es besser zu warten, bis unsere Entwicklung auch diese Schwierigkeiten überwindet. Dann werden wir von selbst zusammengeführt werden."

„So bist du hier ganz alleine gewesen?"

Ein fröhliches Lachen war Vaones Antwort: „Einsamkeit im Paradies, Aphraar, wäre so unmöglich wie der Tag ohne Licht. Sieh nur die vielen Freunde ringsumher, die häufigen Besuche und die Ausflüge, zu denen ich eingeladen werde. Nein, nein! Ich bin hier niemals einsam gewesen."

Und ernster werdend fügte sie hinzu: „Es kommt nicht darauf an, was ich sehe, wohin ich gehe, wovon ich spreche! Alles hier bewegt sich in harmonischen Kreisen, die einen gemeinsamen Mittelpunkt haben: *die wunderbare und immer gegenwärtige Liebe Gottes."*

Fragen und Antworten

Man möge mir die Bemerkung erlauben, dass ich den Kritikern des ersten Band dieses Werkes für ihre verständnisvolle Haltung dankbar bin. Schließlich trat ich ja für eine Sache ein, die bisher am meisten durch das törichte Verhalten ihrer eigenen Anhänger und durch die betrügerischen Praktiken mancher falscher Jünger gelitten hat. Menschen, die den Verkehr mit dem Jenseits zur Befriedigung ihrer Neugier suchen und ein Salonvergnügen daraus machen, verdienen die Behandlung, die ihnen von der Presse zuteil wird.

Ich war auf ein volles Maß bitterer Kritik gefasst. Die Behandlung, die ich erfuhr, überraschte und überzeugte mich, dass die Rezensenten bereit sind, ein solches Thema unvoreingenommen auf sich wirken zu lassen, wenn es nur mit logischer Folgerichtigkeit behandelt wird.

Einige der Kritiker und Leser, deren Briefe mir zur Kenntnis gelangten, stoßen sich an dem „materialistischen Beschreibungen“, die ich vom Leben im Jenseits gegeben habe. Sie verweisen mich auf das, was Paulus von der Auferstehung der Menschheit sagte: „Denn selbst er, der Herr, wird mit einem Feldgeschrei und der Stimme des Erzengels und mit der Posaune Gottes herniederkommen vom Himmel, und die Toten in Christo werden zuerst auferstehen. Danach werden wir, die wir leben und übrig bleiben, zugleich mit ihnen entrückt werden in Wolken dem Herrn entgegen in der Luft und werden also beim Herrn sein, allezeit.“ (1. Thess. 4, 16, 17)

Ich werde nun darauf hingewiesen, dass diese inspirierte Äußerung von einem Himmel ‚in der Luft' oder ‚in den Wolken' spricht, was doch Bauten, Bäume, Flüsse und andere materielle Dinge zu einer Unmöglichkeit mache.

Nun ich antworte darauf mit einem freien Eingeständnis, dass ich meine Schilderungen nicht als Bibelkommentator oder Dogmatiker gab, sondern nach eigener Beobachtung. So, wie ich es verstehe, ist der Ausspruch des Paulus von meinen Freunden in einen nicht zulässigen Zusammenhang gebracht worden. Paulus behauptet nicht, dass der Himmel in der Luft oder in den Wolken ist, sondern dass ‚der HERR vom Himmel herabsteigen wird', um seine Heiligen in der Luft zu treffen. Daraus aber kann man keinerlei Schlussfolgerungen darüber ziehen, wie Paulus' Vorstellung vom Himmel beschaffen war.

Auch möchte ich meinen, selbst wenn ich mich damit bei den Theologen ins Unrecht setze, dass die Eingebung des Apostels an dieser Stelle alles andere denn unfehlbar war, denn er spricht, zur Zeit des Herabsteigens Gottes, von *„danach wir, die wir leben und übrig bleiben",* damit offenbar voraussetzend, dass die Wiederkehr noch während seiner Lebenszeit erfolgen würde.

Es war und ist nicht meine Absicht, einen Streit mit der orthodoxen Theologie zu beginnen. Immerhin aber werden mir meine Kritiker zugestehen müssen, dass die Bibel sehr wohl Schilderungen enthält, die meinen als „materialistisch" bezeichneten durchaus gleichen. Die ausführliche Beschreibung des „Himmlischen Jerusalem" (Offenbarung des Johannes 21, 10-27) sei als Beweis angeführt.

Und wenn wir uns an die Worte Christi halten, ist das himmlische Jerusalem durchaus nicht die einzige Stadt im Reich der Erlösten. In dem Gleichnis von den zehn Geldstücken (Luk. 19, 17-26) belohnt Christus treue Dienste mit der Herrschaft über fünf oder gar zehn Städte. Wie groß muss dann die Zahl der Städte sein, um eine so freigiebige Belohnung möglich zu machen!

Eine andere kritische Frage lautet, warum denn, vorausgesetzt, dass der menschliche Verstand auf geistiger Ebene weiterbesteht, nicht die ins Jenseits hinübergegangenen Wissenschaftler etwas zur Aufklärung der irdischen Wissenschaften tun, da sie doch mehr als alle anderen Geister über die notwendigen Voraussetzungen und Methoden verfügen.

Ich will euch sagen, warum sie sich nicht äußern, warum der Verkehr zwischen den beiden Welten bisher so wenig befriedigend gewesen ist und warum jene, die die Welt in Erstaunen versetzen können, dies bisher nicht getan haben. Aus dem gleichen Grunde nämlich, der es verhinderte, dass Archimedes und seine Mitarbeiter in Alexandrien nicht die Ergebnisse der modernen Wissenschaft fanden. Es fehlte ihnen an den nötigen Instrumenten! Gebt den wissenschaftlichen Geistern Instrumente, durch die sie sich im geistigen Reich verständlich machen können, und das Problem des Verkehrs zwischen den beiden Welten wird bald gelöst sein. Selbst mit den gegenwärtig unzureichenden und oft zweifelhaften Mitteln ist schon viel Nützliches geleistet worden. Aber wenn die Erde erst einmal wahrhaft erkennt, welche unerhörten Möglichkeiten auf sie warten, wird für die geistig eingekerkerte Menschheit sehr rasch ein neues, glänzendes Zeitalter anbrechen.

Ich weiß nur zu wohl, dass die gegenwärtigen Verständigungsmöglichkeiten zwischen hüben und drüben viel zu wünschen übrig lassen. Aber ein guter Teil der Schwierigkeiten ergibt sich aus der Vorstellung, dass wir alle hier im Jenseits unfehlbar sind. Das ist ein grundlegender Irrtum, und er ist besonders bedauerlich, wenn er dazu führt, dass die etwa durch Medien erhaltenen Aussagen keineswegs allwissender Geister, Wort für Wort miteinander verglichen und dann in Bausch und Bogen verworfen werden, weil sie nicht miteinander übereinstimmen.

Der körperliche Tod hebt nicht das Gesetz der Evolution auf; die Seele macht keinen plötzlichen Sprung vorwärts; sie entdeckt lediglich, dass sie von einigen beschwerlichen Fesseln befreit ist. Sie eignet sich neue Fähigkeiten an, die ihre bisherigen eher ergänzen, nicht aber ersetzen. Sie hat damit gegenüber dem Zustand vor dem Tode gewonnen, jedoch zunächst nicht mehr als einen weiteren Schritt in ihrer geistigen Aufwärtsentwicklung.

Dieses Gesetz des schrittweisen Vorangehens gilt überall; in den höheren Stadien der seelischen Entwicklung eher noch unerbittlicher als in den niederen! Die Merkmale des Schmetterlings werden schon lange vor dem Ausschlüpfen in der Larve festgelegt. Der Tod kann ebenso wenig Wunder wirken, wie der Mensch eine Larve verändern.

Dies sollte niemals vergessen werden. Ich glaube, die Zeit ist gekommen, die auf beiden Seiten der Todesschranke bestehenden Schwierigkeiten so gut zu verstehen, dass wir einen planvollen Versuch zu ihrer Überwindung machen können. Mit ein wenig Geduld und der Erkenntnis, dass Wissen und Intellekt nicht auf die Erdenseite beschränkt sind, müsste sich eine wissenschaftlich verwendbare Verbindung zwischen den beiden Welten ohne weiteres herstellen lassen. Sie würde der Erde ungeheure Vorteile bringen.

* * *

Die „Auferstehung der Toten“ ist für die Menschheit ein uraltes Rätsel. Wie geschieht sie, und mit welchem Körper werden wir auferstehen?

Der innerste Kern der christlichen Religion wird von dieser Frage angerührt, denn wenn Jesus Christus nicht auferstanden wäre, müsste seine ganze Lehre sinnlos gewesen sein. Trotzdem hat es die Theologie auf keinem Gebiet ihrer Lehre so vollkommen versäumt, die geistige Bedeutung dieses Phänomens zu begreifen. Die Priesterschaft scheint in einem Morast von Widersprüchen gesunken zu sein, aus dem es kein Entrinnen gibt. In ihrer Verwirrung hat sie die glänzende Krönung des Werkes Christi aus den Augen verloren und bleibt einer geistig hungernden Menschheit die Antwort auf eine der wichtigsten Fragen schuldig.

Ich kann an dieser Stelle nur in Umrissen auf ein Thema eingehen, dessen erschöpfende Behandlung einen ganzen Band für sich beanspruchen würde. Auch ist es nicht meine Absicht ein biblisches Streitgespräch zu beginnen.

Soviel kann ich jedoch kraft der biblischen Autorität Christi (Joh. 5, 24-27) sagen, dass die Wiederauferstehung ein rein natürliches und immerdar gegenwärtiges Phänomen ist, nicht aber ein Wunder, das für uns aus eigener Kraft nicht erreichbar ist und uns in weiter Ferne, vielleicht erst am jüngsten Tage zufällt: „Wer mein Wort hört und glaubet dem der mich gesandt hat, hat ewiges Leben und kommt nicht ins Gericht, sondern er ist aus dem Tode in das Leben übergegangen".

Und an anderer Stelle (Joh. 8. 51) spricht Jesus nicht nur von der direkten Auferstehung (in das reingeistige „Reich des Lebens"), sondern sogar von einem völligen Entrinnen vom Tode: „Wahrlich, wahrlich, ich sage euch, wenn jemand mein Wort bewahren wird, so wird *er den Tod nicht sehen ewiglich."*

Jesus bestätigt beide Aussprüche später auch gegenüber Martha (Joh. 11, 23-26): Jesus spricht zu ihr: „Dein Bruder wird auferstehen." Martha spricht zu ihm: „Ich weiß, dass er auferstehen wird in der Auferstehung am letzten Tage."

Jesus sprach zu ihr: „Ich bin die Auferstehung und das Leben; wer an mich glaubt, wird leben, *auch wenn er gestorben ist.* Und jeder, der da lebt und an mich glaubt, *wird nicht sterben in Ewigkeit.* Glaubst du dieses?" –

Ich lasse diese Zitate für sich selbst sprechen, sie sind die einfache, ungeschminkte Lehre Jesu Christi in Bezug auf den Zeitpunkt der Auferstehung.

Mit welchem Körper gehen wir ins ewige Leben? – Ich habe schon angeführt, dass „Fleisch und Blut nicht das Erbe des Königreichs antreten können". Paulus' Vorstellung von der Entkleidung und Neubekleidung der Seele während des körperlichen Todes beschreibt diesen Vorgang nach meiner

Erfahrung am besten und kürzesten. Das körperliche Gewand wird abgeworfen, doch die Seele behält, ihr geistiges Kleid annehmend, ihre bisherigen Eigenschaften und erwirbt entsprechende geistige Merkmale.

Sie ist deshalb nicht ärmer, sondern reicher als vor dem Tode. Das Maß hängt allein von ihrer Ähnlichkeit oder Unähnlichkeit mit dem Christus ab.

Christi Erscheinen nach seiner Auferstehung ist voller nützlicher Belehrungen für uns. Er sagte nicht mehr, „Aus mir selbst kann ich nichts tun“, sondern: „Alle Macht ist mir gegeben im Himmel und auf Erden“. Er ist derselbe Mensch und gibt sich durch viele unfehlbare Beweise zu erkennen. Aber ist es nicht derselbe Körper? Welche Macht besaß dieser neue Körper? Er verwandelte sich, niemals bei zwei aufeinanderfolgenden Ereignissen die gleiche Erscheinung annehmend. Maria, die ihn so gut kannte, hielt ihn für den Gärtner, bis er sie ansprach. Später erschien er in einer anderen Gestalt seinen drei Jüngern auf dem Wege nach Emmaus. Dann erscheint er, während die Türen geschlossen sind, in der Mitte seiner Anhänger und kehrt später nochmals in anderer Gestalt zurück, um dem ungläubigen Thomas die Wundmale mit seinen Händen fühlen zu lassen.

Dieser auferstandene Christus ist kein geistiges Trugbild, sondern ein wesenhafter, vergeistigter Körper. Er kann am Ufer ein Feuer entfachen, während er auf das Fischerboot wartet, kann das Brot und den Fisch mit den Jüngern verzehren, um sich später wieder ‘gen Himmel zu erheben.

Verhalte ich mich unbiblisch in diesem kurzen Rückblick? Ich habe nur versucht, die klaren Lehren und Tatsachen in

Zusammenhang mit der Auferstehung des Sohnes Gottes darzulegen. Jesus aber versicherte seinen Jüngern: „Die Werke die ich tue, werdet auch ihr tun“ (Joh. 14, 12), und durch die Jünger allen, die ihm nachfolgen würden. Von jenseits des Grabes bewies er, für alle sichtbar, dass alle, die ihm nachfolgen, immerwährendes Leben haben und ihnen der Tod nichts anhaben kann.

Wenn ich deshalb von einem „offenen Grabe“ und der Möglichkeit einer ununterbrochenen Verständigung spreche, so ist das weiter nichts als eine Bekräftigung des uns vor fast 2000 Jahren gegebenen Evangeliums.

Engel des Todes

Der Abschied eines Menschen vom Erdenleben, für seine Gefährten auf der Erde ein kummervolles, manchmal tragisch-bitteres Ereignis, ist oft ein Anlass zur Freude für jene, die ihn im Jenseits erwarten. Hat der vom Tode gezeichnete während seines Schlaflebens zu einer Gruppe von Freunden auf unserer Seite gefunden, so bewirkt ein göttliches Gesetz, dass seine bevorstehende Ankunft diesen Freunden bekannt wird.

Vaone und ich hatten uns gerade einem der häufigen Zusammentreffen gleichgestimmter Seelen in unserem Tal angeschlossen, als sich plötzlich die Luft noch weiter zu erwärmen schien und die Atmosphäre ein deutlich spürbares Gefühl freudiger Erwartung mitteilte, das von allen bemerkt und mit einem kleinen Freudenruf begrüßt wurde.

Ich wandte mich Vaone zu: „Was ist das?"

„Wir bekommen Zuwachs zu unserer Familie. Ich weiß noch nicht wann und wen, aber sieh, da kommt schon Arvez, der uns die Nachricht überbringen wird."

Ich kannte Arvez bereits als jenen Engel des Todes, der in einem an der Grenze des Schlafbereiches liegenden Heim für elternlose Kinder ein häufiger und stets freudig begrüßter Gast war.

Arvez wandte sich an mich: „Unser Neuankömmling ist dir nicht ganz unbekannt. Erinnerst du dich an den kleinen Burschen, den ich vor einiger Zeit herüberbrachte?"

„Himpy Jack? Gewiss!"

„Und auch an seinen Freund, der versprach, sich bis zuletzt um ihn zu kümmern?

„Nannten sie ihn nicht Dandy?“

„So ist es. Ich gehe jetzt zum Heim, um ihn herzubringen. Willst du mitkommen?“

„Mit großem Vergnügen.“

Bald nahmen wir unseren Abschied von der Gruppe, die, wie es hier überall der Fall ist, mit den Umständen einer solchen Heimholung vertraut war und nun beginnen konnte, ihre Vorbereitungen für den Empfang des Jungen zu treffen.

„Es ist zunächst nur ein vorbereitender Besuch, zu dem ich Dandy bringe“, erklärte mir Arvez, während wir uns auf das Heim zubewegten.

„Ist er krank?“

„Ich glaube nicht. Unsere Weisungen gehen niemals in solche Einzelheiten. Wir erfahren sie rechtzeitig an Ort und Stelle.“

„Weiß er, dass du ihn holen kommst?“

„Nein. Missionen wie unsere sind dem Betroffenen nie vorher bekannt.“

„Ich erinnere mich noch sehr gut, wie enttäuscht der kleine Dandy war, als du seinen Freund Jack fortnehmen musstest.“

„Sein Leben ist seitdem besonders traurig verlaufen“, antwortete Arvez. „Ich glaube, keiner der unglückseligen kleinen Burschen würde auf Erden einen Augenblick lang vermisst werden, wenn wir sie alle auf einmal zu uns nähmen.“ *)

Wir waren am Ziel angelangt. Ich ging voran, mir einen Weg durch die Kinder bahnend, die mich eifrig begrüßten

*) Anmerkung des Herausgebers: Der Leser möge auch hier die sozialen Verhältnisse im England des 19. Jahrhunderts berücksichtigen.

und fragten, ob ich nicht Arvez mitgebracht habe. Ich wich der Antwort aus, und meine Augen suchten einen, dem unser besonderes Interesse galt. Schließlich fand ich ihn in einer Ecke.

Ich streichelte ihn über den Kopf. „Nun Dandy, wie ist es, hat Jack auch sein Versprechen gehalten und besucht dich hier, wo er jetzt für immer bei uns ist?“

Als Antwort erhielt ich einen vorwurfsvollen Blick. Wie konnte jemand am Wort seines besten Freundes zweifeln?

„Natürlich kommt er, fast jede Nacht! Wenn ich doch bloß für immer bei ihm bleiben könnte und nicht zurück müsste. Aber ich glaub’ nicht, dass der Engel auch mal für mich kommt.“

„Eines Tages wird er schon kommen“, meinte ich, beinahe der Versuchung nachgebend, ihm zu sagen, was ich wusste. „Du musst solange tapfer aushalten. Vielleicht kommt er eher als du denkst.“

In diesem Augenblick wurde der Vorhang zurückgezogen und Arvez trat ein. Ein einstimmiger Ruf freudiger Erwartung begrüßte ihn, und die Mehrzahl der Jungen umringte den Besucher, als ob er Geschenke auszuteilen hätte.

Mein kleiner Freund aber war neben mir stehen geblieben. Vielleicht war es meine Gegenwart oder die ständige Enttäuschung seiner Hoffnungen, die ihn zurückhielt. „Wen er wohl heute holen wird?“, meinte er nachdenklich. „Ich habe bestimmt wieder kein Glück.“

Sachte bahnte sich Arvez seinen Weg durch die Menge. Man denke einmal darüber nach! Hier war ein Engel, der den Ruf des Todes überbrachte, und jeder der kleinen Burschen um ihn war begierig, der Auserwählte zu sein. Welch ein Gegensatz zu so manchen anderen Seelen, die sich ein Leben lang als Christen bekennen, aber hartnäckig Widerstand leisten, wenn der Ruf Gottes sie erreicht!

„Er kommt zu dir", rief mein kleiner Freund jetzt aufgeregt, als Arvez sich unserer Ecke immer mehr näherte.

Ich antwortete nicht. Wenige Sekunden später stand Arvez vor uns, legte dem Jungen liebevoll die Hand auf den Kopf und fragte: „Bist du es müde, auf mich zu warten, Dandy?"

Die Wangen des Kleinen röteten sich in einem Anflug von Hoffnung: „Aber du bist doch nicht für mich gekommen?"

Arvez antwortete, indem er Dandy auf seine Arme hob und ihn küsste. Das war ein Zeichen, das alle hier verstanden.

Die Fesseln der Sünde

Einige Leser meines ersten Berichtes meinten, ich habe darin den Einfluss der Sünde zu wenig beachtet. Ich gebe zu, dass ich es absichtlich vermied, durch breite Schilderungen des auf Sünde folgenden Leidens, ein düsteres und furchterregendes Buch zu schaffen, das einseitig ins Fahrwasser einiger irdischer Sekten geraten wäre. Dennoch habe ich in dem Kapitel „Ernte der Eifersucht" sicherlich deutlich genug gemacht, wie sich ein Mensch seine Hölle selbst zimmert.

Die Geißel des erwachten Gewissens, die Erkenntnis dessen, was man versäumte, die Hölle der Selbstvorwürfe ist von einer Eindringlichkeit, wie sie unsere abgestumpften Sinne auf Erden niemals empfinden könnten. Die Strafe entspricht in jedem Einzelfalle dem Vergehen.

Jesus Christus aber gab uns eine Botschaft des Trostes und der Verheißung. Mit meisterhafter Hand zeichnete er das gesamte Gebiet von Sünde und Erlösung in seinem Gleichnis vom verlorenen Sohn. Wir wollen es niemals aus den Augen verlieren, wenn wir über Sünde und Sühne sprechen.

Was ist Sünde? Ist es möglich, dass darüber ein Zweifel bestehen kann? Dies müssen wir zunächst klären, denn es scheint mir, dass die Menschen Unterschiede machen, je nachdem, ob die Sünde für sie im Einzelfall Theorie oder Praxis ist. Mit anderen Worten: Die große Mehrheit der Menschen ist offenbar der Ansicht, dass man selbst ungestraft oder mit heuchlerischen Entschuldigungen das tun dürfe, was man bei anderen laut kritisieren müsse.

Einen solchen doppelten Maßstab kann es vor Gott nicht geben, denn er kennt „kein Ansehen der Person". Seine Gerechtigkeit ist eine vollkommene, und Jesus selber hat das Richtmaß verkündet: „Womit ihr richtet, werdet ihr gerichtet werden; mit demselben Maße, mit dem ihr messet, wird euch wieder gemessen werden."

Vor diesem Richtmaß fällt die selbstbetrügerische doppelte Gerechtigkeitsvorstellung der meisten Menschen in nichts zusammen. Es ist von größter Wichtigkeit, dass uns diese Wahrheit täglich und stündlich gegenwärtig ist.

Sünde in aktiver Hinsicht ist eine absichtliche und bewusste Verletzung eines moralischen Gesetzes. „Wäre ich nicht gekommen und hätte zu ihnen gesprochen, so hätten sie keine Sünde; jetzt aber haben sie keinen Mantel für ihre Sünde." (Joh. 15, 22)

Aber es gibt auch Sünde in passiver Hinsicht, die ebenso schuldhaft ist. Das sollte ständig von all jenen bedacht werden, die mit falschen Ausflüchten vor einer klaren Verantwortlichkeit ausweichen.

Es gibt Abertausende, die in einer sogenannten „freundlichen Neutralität" feige Zuflucht suchen, die aus Gründen der Zweckmäßigkeit untätig bleiben und ihren schwächeren Brüdern Unterstützung verweigern, weil sie fürchten, damit ihre Lage zu gefährden. Lasst sie alle an diesen Spruch Christi denken: „Für den, der Gutes zu tun weiß und tut es nicht, ist es Sünde, wenn er nicht danach handelt."

Wie jedes andere Gesetz Gottes ist auch dieses immer auf den einzelnen Fall und die einzelne Person abgestimmt.

„Der Knecht aber, der seines Herrn Willen kannte und sich nicht bereit hielt, noch nach seinem Willen tat, wird viele Streiche erleiden müssen. Der ihn aber nicht kannte und doch tat, was der Strafe wert ist, wird weniger leiden müssen. Denn welchem viel gegeben ist, von dem wird viel verlangt werden.“ (Luk. 12, 47-48)

Jesus Christus hat diesen Grundsatz immer wieder betont. Wem Gott zehn Talente anvertraut hat, der wird für zehn verantwortlich gemacht werden; wem er nur eines gab, wird sich nur für eines zu verantworten haben. Und wer außerhalb des Gesetzes sündigte, wird nicht nach dem Gesetz gerichtet werden, sondern so, wie es für ihn billig ist. Kann es noch einen Zweifel geben, wie vollkommen individuell das Maß ist, nach dem wir gemessen werden?

Aber die Fesseln der Sünde können schon auf Erden einen sehr gegenständlichen Ausdruck finden. Man möge mir erlauben, dies anhand eines persönlichen Erlebnisses zu erläutern.

Ich hatte zusammen mit Secartus, der einen Auftrag MYHANENES ausführte, eine Reise in die Region der Schlafenden unternommen. Wir hatten unsere Mission beendet und wollten gerade umkehren, als ich plötzlich einen seltsamen Wunsch verspürte, auf der Stelle zu verharren.

Ich verstand dieses Gefühl selbst nicht und erzählte meinem Begleiter davon. Secartus hielt für einen Augenblick inne, als ob er einem Geräusch in der Ferne lauschen wollte, dann sagte er: „Irgend jemand sucht nach dir, aber seine Sympathie ist so schwach, dass er dich nicht aus eigener Kraft erreichen kann. Ich glaube, es ist dein Vater.“

„Mein Vater!“, rief ich. „Du hast recht; zwischen ihm und mir besteht so wenig Sympathie, dass es mich schon fast erstaunt, wenn er sich an mich erinnert.“

„Es ist keine sehr wichtige Sache, deretwegen er dich sehen möchte, sonst hätte sein Wunsch dich in jedem Falle in deutlicherer Form erreicht. Willst du ihm antworten?“

„Ganz gewiss. Wo ist er? Wie können wir ihn erreichen?“

„Sein Ruf kommt nur aus halbem Herzen. Wir erleben häufig solche Fälle, wo die höhere Natur ein Vergehen oder Versäumnis erkennt und auf die niedere Natur einwirkt. Die letztere, irdische, hält ihn stark zurück, aber die geistige Seite kämpft weiter. In solchen Fällen müssen wir besonders behutsam vorgehen. Im Schlafzustand ist ein Mann im Kampf mit sich selber und der Ausgang hängt fast ausschließlich von seinem freien Willen ab. Hier und dort können wir ein wenig Hilfe leisten, wenn ein starker Wille zur Besserung vorhanden ist. Aber die Sünde hat die Schläue einer Schlange und findet, auch wenn sie einen Kampf verliert, oft Möglichkeiten, hinterher durch höhnische Einflüsterungen mehr zurückzugewinnen als sie verloren hatte. Deshalb ist Vorsicht geboten, bis wir besser wissen, was deinen Vater bewegt.“

„Ich nehme deinen Rat an“, antwortete ich. „Bitte handle, wie du es für richtig befindest.“

Secartus hatte dank seiner Erfahrung auf diesem Gebiet bald die nötige Verbindung hergestellt. „Du kannst jetzt einen Gedanken zur Antwort senden; wir werden sehen, wie er darauf reagiert.“

Ich tat wie geheißen. Man wird vielleicht von mir erwarten, dass ich jetzt sage, mit welchen Gefühlen ich dieser Begegnung entgegensah. Ich kann darauf nur entgegnen, dass ich den Ausdruck „Vater“ nur als Personenbezeichnung gebrauche und wiederhole, dass die Verwandtschaft der Seelen von ihrer gegenseitigen Zuneigung bestimmt wird, nicht aber von Familienbanden. Ich wünschte, ich hätte mich auf diese Begegnung mehr freuen können. Es bestand zumindest die Hoffnung, dass wir in irgendeiner Weise zum geistigen Fortschritt meines Vaters beitragen konnten.

„Er beeilt sich nicht gerade, dich zu treffen“, meinte Secartus schließlich.

„Das wäre auch das Letzte, was ich erwarten würde.“

„Du musst den Schlafzustand eines Menschen nicht unbedingt nach dem beurteilen, was du von seinem Erdenleben weißt. Wir erleben hier immer wieder Überraschungen, wenn die Seele auch nur für kurze Zeit von den niederen Leidenschaften des Körpers frei ist. Aber sieh’, dort drüben ist er schon.“

Secartus, der meinen Vater noch nie gesehen hatte, erkannte ihn eher als ich selbst, und an seinen zusammengezogenen Augenbrauen bemerkte ich, dass er seine erstaunlichen telepathischen Kräfte bereits zu einer Art Charakteranalyse einsetzte. Auch fiel mir jetzt auf, dass mein Vater zwei Begleiter hatte, die sich ihm gleichsam aufzudrängen schienen.

„Es ist klüger, wenn du dich zurückhältst“, meinte Secartus. „Wenn du ihm helfen willst, darfst du nicht zuerst sprechen.

Für Erläuterungen war keine Zeit mehr. Ich verhielt mich also still, während die drei Schlafbesucher direkt auf uns zukamen. Auf gleicher Höhe angelangt, legte mein Vater, wie entschuldigend, seine Hände auf die Arme seiner Begleiter, hielt inne und trat zu mir herüber.

„Frederick", sagte er mit der ihm eigenen kühlen Zurückhaltung, als hätten wir uns erst eine halbe Stunde vorher getrennt, „es ist mir nicht unlieb, dich zu treffen, denn ich glaube, wir haben uns nicht immer recht verstanden. Ich bin vielleicht hier und dort ein wenig zu streng gewesen. Wohlgemerkt, ich sage nur ‚vielleicht', aber du warst immer so unverzeihlich halsstarrig. Wie dem aber auch sei, ich bin bereit, zu vergeben und zu vergessen und hoffe, du nimmst auch meine Entschuldigung an, falls du eine solche für nötig erachtest."

„Was immer zwischen uns zweifelhaft oder unerwünscht war", antwortete ich, „ist weit besser im Vergeben und Vergessen aufgehoben als wieder hervorgeholt. Das ist auch mein Wunsch, und wenn du zustimmst, bin ich mehr als zufrieden."

„Gewiss, gewiss. Dann lass uns die Vergangenheit als erledigt betrachten. Wohlgemerkt, ich gebe keine Schuld meinerseits zu und entschuldige mich nur zum Beweis meiner Großzügigkeit, nicht aber, damit du dir einbildest, du seiest in deiner unglaublichen Widersetzlichkeit im Recht gewesen!"

„Ich habe nichts derartiges behauptet und bringe keine Meinung dazu vor, ob etwas zu entschuldigen ist oder nicht. Solltest du meinen, das könnte der Fall sein, so bin ich gerne bereit, ebenso zu vergeben, wie ich hoffe, dass man mir vergibt."

„Schön, das soll genügen. Auch ich vergebe dir deine vielen Mängel und Vergehen." Und mit einem spürbar echten Ton des Bedauerns fügte er hinzu: „Aber es betrübt mich, dass ich all das vergessen werde, wenn ich aufwache."

Warum hätte ihn das betrüben sollen, wenn kein Schuldbewusstsein vorlag? In der Antwort darauf liegt die Erklärung für dieses ganze seltsame Zusammentreffen.

Mein Vater war ein sogenannter Weltmann, kühl, klar und berechnend in Geschäftsdingen, nicht ohne Energie und Geschick, andere auszubeuten und auszuhorchen, solange er sich dabei nicht in die eigenen Karten sehen lassen musste. Als Familienoberhaupt bestand er auf unbedingtem Gehorsam und duldete niemals Zweifel an seiner Autorität. Seine Haltung zur Außenwelt war ähnlich, gemildert nur durch Überlegungen der Zweckdienlichkeit.

Seine Sünde war unschwer zu finden. Er duldete bei sich selbst, was er anderen zum Vorwurf gemacht hätte. Zu dieser Schwäche, so natürlich in ihrem Beginn, doch so vernichtend in ihren geistigen Folgen, neigt das Fleisch wohl mehr als zu irgendeiner anderen. Es ist ein Charakterzug, der im gesellschaftlichen und geschäftlichen Leben zu oft bewundert und von bekennenden Christen allzuoft übersehen wird. Wenn ein Mann erfolgreich ist und sich bestimmten Überlieferungen anpassen kann, ist man bereit, sich um die Hintergründe nicht viel zu scheren. Dieser Auswahlprozess wird in sein Gegenteil verkehrt, wenn die Seele nach dem körperlichen Tode den Platz finden muss, der ihr nach geistigem Gesetz bestimmt ist. Alles Äußerliche fällt ab, und der wahre Charakter wird zum unentrinnbaren Richtmaß.

Seine Entwicklung wird offengelegt, bis ihre Quelle uns unmissverständlich sichtbar wird.

Diese Quelle war im Falle meines Vaters eine unbedeutende Angelegenheit, erste Sünden sind selten schwer, aber sie begünstigte seine Gewohnheit, bei der Beurteilung von sich selbst und anderen einen deutlichen Unterschied zu machen. Im Laufe der Zeit wurde der Abstand zwischen diesen getrennten geistigen Maßstäben immer größer.

Mit dem ersten Abweichen vom geraden Wege verliert die Seele auch das richtige Gefühl für geistige Redlichkeit und wird blind, weil der von Gott gegebene Maßstab durch einen falschen verdrängt ist. Sie wählt die Sünde aus eigenem Antrieb und muss allein deren Folgen tragen.

Secartus konnte diese Entwicklung aus der Aura meines Vaters klar ablesen. Als dieser sein Bedauern äußerte, dass er sich beim Erwachen an nichts mehr erinnern werde, sah mein Freund seine Möglichkeit.

„Wenn Sie mir erlauben – ich glaube, ich könnte Ihnen vielleicht dabei helfen, sich zu erinnern."

„Und wer sind Sie wohl, dass ich mich in die Obhut eines Unbekannten geben sollte?"

„Secartus ist sehr wohl befähigt", wandte ich ein, „dir zu helfen. Ist es dein ehrlicher Wunsch, dich zu erinnern?"

„Ehrlich! Was soll das heißen? Es ist ja wohl schon ziemlich weit gekommen, wenn mein eigener Sohn an meiner Ehrlichkeit zweifelt!"

„Ich zweifelte nicht und bedaure, das Wort gebraucht zu haben. Ich hätte sagen sollen, ‚wenn du dich zu erinnern wünschst'."

„Das ist besser. Einen Zweifel an meiner Ehrlichkeit hätte ich niemals verzeihen können. Nun denn, Sir“, wandte sich mein Vater an Secartus, „auf das Wort meines Sohnes hin bin ich bereit, Ihre Hilfe anzunehmen. Wie sollen wir verfahren?“

„Wir werden mit Ihnen kommen, wenn sie aufwachen.“

„Das wird noch eine Weile dauern, und bis dahin habe ich noch anderes zu tun. Wo werde ich Sie finden?“

„Wir werden am Wege bereitstehen, wenn sie zurückkehren.“

* * *

„Ist es nicht etwas sehr kühl?“, fragte mein Vater, als er uns, schon wieder im Bereich der Erde und nahe meines elterlichen Hauses, wieder traf. Er schien leutseliger als sonst und machte, um seine Worte zu unterstreichen, eine kleine Geste des Kälteschauerns.

„Nicht kühler als sonst in Erdnähe“, meinte Secartus mit einem Seitenblick zu mir. „Aber wenn Sie es so empfinden, ist das ein gutes Zeichen für erhöhtes geistiges Empfindungsvermögen.“

„Nun aber keine Predigten, junger Mann! Ich hasse hochtrabende Worte wie den Teufel.“

„Ihr Wunsch wird respektiert werden, wenn es auch tausendmal besser für Sie wäre, wenn Sie gewisse Dinge vor sich selbst zugäben. Aber hier sind wir schon am Ziel. Nehmen Sie sich jetzt vor, sich an alles Vorgefallene zu erinnern, wenn Sie wieder von Ihrem Körper Besitz ergreifen. Wir werden Ihnen nach besten Kräften dabei helfen.“

Langsam sank der Seelenkörper meines Vaters in die ruhende Schläfergestalt zurück. Das Erwachen stand bevor. Ein Sich-Dehnen und Recken, dann fuhr mein Vater mit einem Ruck aus seinen Kissen hoch.

„Eh! Was! – Woran soll ich mich erinnern?"

Das Experiment war nicht geglückt. Die geistige Hilfe Secartus' reichte nicht aus, die jetzt wieder in ihren Körper und dessen materielle Interessen verstrickte Seele meines Vaters wachzuhalten.

Und leider, so stellten wir fest, gab es noch einen anderen Einfluss, der unserem Vorhaben entgegenwirkte. Neben dem Bett saß eine Seelengestalt, ein Mann von hartherzigem, übelwollendem Aussehen, der eine Art Wärteramt an meinem Vater auszuüben schien.

Secartus sprach die Gestalt an: „Warum bist du hier?"

„Weil ich nicht weg kann", war die gleichgültige Antwort.

„Wer bist du?"

„Wer ich bin? Seid ihr blind oder wollt ihr nicht sehen, dass ich an diesen lebenden Leichnam festgekettet bin?"

„Deine Ketten bestehen nur aus gegenseitiger Anziehung. Ihr seid beide daran schuld."

„Du hast gut reden! Wenn du an meiner Stelle wärst, würdest du bald herausfinden, dass ich aus eigener Kraft nicht fort kann. Der da", und damit zeigte er auf meinen Vater, „kann die Ketten eher lösen, denn er hat noch die Kraft dazu."

„Einstmals hieltest du selbst einen erdgebundenen Geist in Fesseln. Hast du dich damals bemüht, ihn loszuwerden?"

„Hör' auf mit deinen klugen Worten! Hilf mir lieber loszukommen, wenn du eine Spur Erbarmen hast."

„Willst du wirklich loskommen? Und wo würdest du hingehen, wenn ich dir dabei hülfe?"

„Ganz gleich, irgendwohin! Solange ich nur jemanden finde, der mir nicht immer mein Selbst zeigt, der nicht so ein furchtbares Monstrum ist wie dieser Heuchler! Es ist nicht auszuhalten. Warum wusste ich nicht vorher davon, als ich es noch vermeiden konnte?"

„Du hättest es wissen können, aber du schlossest absichtlich Augen und Ohren, wie dieser hier jetzt. Was er ist, warst du früher; die Sünde war süß für dich und du erntest jetzt nur, was du selber gesät hast. Die Strafe deiner Fesselung ist nur eine Wiederholung dessen, was du selber früher einem anderen antatest."

„Du willst mir also nicht helfen?"

„Ich würde es gerne, wenn du ehrlich die Freiheit begehrst und deine Reue mir die Hilfe möglich machen würde."

„Schwatz mir keinen Unsinn von Reue! Wenn ich keine Hilfe bekomme, dann warte nur, bis dieser fromme Heuchler sein Morgengebet beendet hat, und ich werde schon auf meine Kosten kommen."

Secartus' Stimme nahm einen eindringlich warnenden Ton an: „Im Namen Gottes, gib diese Haltung auf und denke an die Folgen! Hast du keine Furcht? Hast du noch nicht genug Qualen erduldet, dass du noch größere riskieren willst? Wenn du schon keine Reue zeigen willst, hast du deshalb auch jenes Gebot der Vorsicht vor Schlimmerem in den Wind geschlagen? Halte ein, ich bitte dich!"

Niemals werde ich den verzweifelten Ausdruck des Mannes vergessen als er bei diesen Worten seine Augen auf Secartus richtete.

„Was soll ich tun?“, fragte er, vergeblich nach einem Zeichen der Hilfe suchend, die wir nicht geben konnten, weil er nur Rettung von Qual und nicht von Sünde suchte. „Soll ich das schweigend erdulden? Soll ich mich etwa gar darüber freuen, weil es, wie ich manchmal höre, vielleicht zu meinem eigenen Wohl nötig ist?“

Dann, plötzlich in helle Wut ausbrechend, stieß er hervor: „Nein! Bei Gott, ich nehme das nicht schweigend hin. Wenn dieser scheinheilige Schmutzkübel hier mein Leben unerträglich macht, indem er mich ständig an mich selber erinnert, dann will ich mich an ihm auch rächen! Ich werde ihn zu Ausschweifungen treiben, die noch tausendfach schlimmer sind, als meine es waren!“

Secartus zog mich fort. Jeder Versuch, einen Mann in diesem Zustand zur Vernunft zu bringen, war sinnlos. Ohne jede Bereitschaft der Reue ließen sich die beiden Seelen niemals trennen. Sie waren Zwillingsseelen, nur mit dem Unterschied, dass der eine, der mein Vater war, noch seinen Körper besaß, während der andere bereits den Rubikon überschritten und nun die Ernte seiner früheren Taten angetreten hatte.

Niemand entgeht seiner Strafe, so oft dies auf Erden auch so scheinen mag.

Wir werden uns noch mehr mit diesem Thema beschäftigen.

Ein Blick in die Hölle

Secartus besaß die Gabe den Zustand von Seelen, wie der des unfreiwilligen Gefährten meines Vaters, in wenigen Augenblicken auf seine Ursache hin zu analysieren. Er konnte zwar nicht tätig helfen, doch hatte er dem Unglücklichen immerhin die Tür zur Umkehr gezeigt und ihn belehrt, dass sein gegenwärtiges Geschick nur die Folge seines früheren Lebens war, die er bis zum letzten Heller abzutragen hatte.

Es ist aber wichtig zu wissen, dass es in allen Bereichen des Jenseits stets Helfer gibt, die bereit und fähig sind, in jeder Lage einzugreifen. Gottes Gesetz und Ordnung hat für jede Möglichkeit vorgesorgt, um seinen Willen zu verwirklichen, dass *alle Menschen* errettet werden sollen. Die volle und gerechte Strafe muss bezahlt werden; dann aber soll sich das Herz jedes seiner Kinder heimwärts erheben. Und wo immer der erste Gedanke der Reue geboren wird, da muss notwendigerweise auch ein Helfer bereitstehen.

Wohl mag der Psalmist fragen: „Wohin soll ich vor Deiner Gegenwart fliehen? Bereite ich mein Bett in der Hölle – siehe Du bist da!" So wölbt sich der Regenbogen göttlicher Liebe von Firmament zu Firmament, über Erde, Hölle und Himmel, und überall trägt er die tröstliche Inschrift „Gott ist gut!"

Meine früheren Besuche auf der Erde in Begleitung CUSHNAS machten es mir möglich, jetzt einige interessante Beobachtungen anzustellen. Am auffallendsten war, dass mein altes Vaterhaus für mich jetzt jedes Interesse und jeder Anziehung entbehrte. Das Licht darin war für meine geistigen Augen wenig mehr als Dunkelheit und zeugte von dem wahren geistigen Barometerstand in diesen Mauern. Gott ist Licht, und eine Nähe oder Ferne zu ihm wird automatisch durch Licht oder Schatten angezeigt. Dennoch, obwohl es an Licht mangelte, konnte ich wahrnehmen, dass sich um uns herum zahlreiche phantomartige Schatten bewegten. Ich fragte Secartus nach ihrer Bedeutung.

„Das sind erdgebundene Seelen, und eine jede von ihnen sucht die jeweilige üble Leidenschaft zu befriedigen, von der sie versklavt ist. Ein Studium dieser schmerzlichen Zustände würde deinen Gesichtskreis gewiss erweitern, wenn du Interesse daran hast."

„Ich bin sehr interessiert, wenn sich eine Gelegenheit dazu bietet."

„Das kann leicht veranlasst werden. Aber du musst dich unter die Führung eines anderen begeben, der auf diesem Gebiet besser befähigt ist als ich."

Damit sandte Secartus einen Gedankenstrahl aus, der beinahe noch in der gleichen Sekunde durch die Ankunft eines Freundes beantwortet wurde.

„Mein Bruder Ladas", sagte Secartus, ihn vorstellend. „Aphraar möchte gerne etwas mehr über die Mission erfahren, in der du tätig bist. Darf ich ihn dir anvertrauen?"

„Gerne!" Ladas wandte sich zu mir: „Unsere Arbeit vollzieht sich mehr im Schatten als im Licht, aber sie wird dir einen guten Eindruck vom Wirken des göttlichen Gesetzes geben."

„Dieses Gesetz möchte ich kennenlernen", antwortete ich. „Von seiner Lichtseite durfte ich bereits einiges sehen."

Secartus nahm Abschied von uns, und in der Gegenwart meines neuen Führers gewann ich schnell das Gefühl, dass mir Kräfte zuflossen, die mich befähigten, den auf diese Ebene verbannten Seelen näherzukommen.

„Ohne Zweifel kennst du bereits das Gesetz", begann Ladas ohne Umschweife, „das jeder Seele den ihr gemäßen Platz zuweist. Unser Arbeitsgebiet hier umfasst die Sphäre der ‚Erdgebundenheit', das zeitweilige Gefängnis jener, die von ihren bösen Leidenschaften und niedrigen Naturen an die Erde gebunden werden; vornehmlich an die früheren Stätten ihrer Sünden, an denen sie ihre bösen Wünsche weiter zu befriedigen hoffen, aber bei jedem Versuch gleichzeitig Strafe erleiden."

„Willst du damit sagen, dass sie noch einen aktiven Einfluss auf die Menschen ausüben können?"

„Genau das. Und ein solcher Einfluss gehört, wenn dafür günstige Umstände vorliegen, zu den bisher am wenigsten verstandenen Wirkkräften des Bösen unter den Menschen."

„Welcher Art sind diese begünstigten Umstände?"

„Sie sind von zweierlei Art. Das erste und wesentlichste ist die moralische Schwäche oder Unentschlossenheit der in Versuchung gebrachten Menschen. Gegenüber einer charakterlich gefestigten und bewussten Rechtschaffenheit sind diese geistigen Piraten absolut machtlos. Das Böse weicht zurück vor dem Menschen, der entschlossen ist, sich ihm zu widersetzen. Aber es hat eine unheimliche Fähigkeit, sich moralische Schwäche nutzbar zu machen. Sein erster Angriff ist immer strategischer Natur, auf einen Stützpunkt abzielend, der dann rasch zu einem vernichtenden Eroberungszug ausgenützt wird."

„Nun weißt du gewiss", fuhr Ladas fort, „dass bestimmte Dinge in mehr als nur äußerlicher Beziehung an bestimmte Orte gebunden sind. Der Student kann in seinem eigenen Studierzimmer besser arbeiten als in einem neutralen Arbeitsraum. Warum? Weil sein eigenes Zimmer von den Ausstrahlungen seiner geistigen Arbeit durchdrungen ist. Die Schöpfungen seines Geistes haben einen ‚festen Wohnplatz' in diesem Raum, und Vergangenes mischt sich mit Gegenwärtigem zu dem, was wir ‚Inspiration' nennen. In gleicher Weise prallen alle bösen Einflüsse von uns ab, wenn wir an einer geheiligten Stätte stehen. Umgekehrt aber lässt sich nach diesem Grundsatz der Sättigung mit geistigen Ausstrahlungen leicht verstehen, wieso sündhafte Versuchungen an manchen Orten von ganz besonderer Stärke sind."

„Das ist wirklich eine neue Lehre!"

„Sie brauchte keineswegs neu zu sein, wenn die Menschen auf die Worte Jesu Christi acht geben würden. Jesus hat diese Wahrheit ganz klar verkündet, als er von dem unreinen Geist sprach, der aus einem Menschen ausgetrieben war (Matth. 12, 43-45) und keine Ruhe fand: ‚Dann kehrte er in sein altes Haus zurück, fand es aber leer, gekehrt und geschmückt. Aber er holte sich sieben andere Geister, böser als er selbst, um das Haus mit ihm zu bewohnen, und es wird mit dem selben Menschen hernach ärger, als es zuvor war'."

„Wie seltsam, dass mir diese Dinge beim Lesen des Evangeliums nie bewusst geworden sind!"

„Es ist erschütternd, dass die Menschen so blind sind, bis sie dann ins Jenseits kommen und die furchtbare Wahrheit an sich selbst erfahren. Das Versäumnis, die geistige Seite des Lebens zu erkennen, ist wohl eine der häufigsten Torheiten der Menschen. Diese Unterlassung schützt aber niemanden vor den Folgen. Für die wirtschaftliche und materielle Seite des Lebens werden Kriege geführt und Regierungen gestürzt, für die geistige, die einzig bleibende(!), hat man höchstens am Sonntag einen flüchtigen Gedanken übrig."

Ladas fuhr fort: „Nun aber schlage ich vor, dass wir einige solcher Seelen aufsuchen, damit du die Folgen ihrer Gleichgültigkeit am praktischen Beispiel sehen kannst."

„Ist der Zustand des ‚Erdgebundenseins' vielleicht nur ein anderer Name für die Hölle?"

„Nein! Er ist in doppelter Hinsicht nur das Tor, die Vorstufe zur Hölle. An die Erde gefesselt werden bösartige und offen rebellische Seelen, die der Sünde sklavisch verfallen sind und nach Befriedigung oder Rache an ihren Mitmenschen dürsten. Der Kelch ihrer Schande ist noch nicht voll, und in ihrem Rausch suchen sie auch andere zu Fall zu bringen."

„Und das wird ihnen gestattet?"

„Jeder Mensch hat immerdar seinen freien Willen. Es gibt in dieser Hinsicht keine Verbotsschranken, wenn auch alles getan wird, diese verworfenen Seelen auf die Folgen ihres Tuns hinzuweisen und auf das erste Zeichen des Erlahmens zu achten. Erst dann, wenn das Maß der Sünde ihnen selbst aufdämmert, gehen sie von hier in die strafende, aber reinigende Zone ihrer eigenen Hölle."

„Dann erdulden sie hier noch keine eigentlichen Leiden?"

„Doch, und auch das ist ein Wirken der Barmherzigkeit! Jede Seele geht nach dem Ablegen des Körpers zwar an den Ort, der genau ihrem eigenen Zustand entspricht, aber alle Seelen haben das gleiche, äußerst erhöhte Empfindungsvermögen. Der größte Heilige und der verderbteste Sünder empfinden ihre jeweilige Umgebung, gleichgültig ob sie Lohn oder Strafe ist, gleich stark. Das ist weiter nichts als eine Wirkung der vollkommenen Gerechtigkeit Gottes. Solange die rebellischen Seelen hier im Erdkreis bleiben und nicht bereuen, folgt jeder ihrer Sünden unverzüglich eine Strafe, bis sie die Sinnlosigkeit ihres Tuns erkennen und durch Verzweiflung bereuen. In diesem Augenblick greifen wir ein und geleiten die Unglücklichen dahin, wo sie ihre angehäufte Schuld abtragen können."

„Die sühnende Wirkung der Hölle setzt hier also noch nicht einmal ein?", fragte ich in wachsender Verwirrung.

„Wie könnte sie das?", sagte Ladas und beantworte seine Gegenfrage gleich selber: „Die angewachsene Schuld kann nicht festgestellt werden, bevor nicht die Waffen der Rebellion niedergelegt sind. Vielleicht verstehst du diese einfache Wirkung des göttlichen Gesetzes besser, wenn ich dir den Unterschied zwischen der hier und der in der Hölle erlittenen Bestrafung erkläre. Hier im erdgebundenen Zustand ist die Strafe nichts weiter als ein Ergebnis der gerade zuvor erfolgten sündhaften Handlung, das dieser in jedem Falle auf den Fuß folgt. Ursache und Wirkung sind deshalb leicht erkennbar. Durch diese Einsicht kann der ‚Teufelskreislauf' durchbrochen werden. In der eigentlichen Hölle wird der

Mensch seinem vollen Schuldkonto gegenübergestellt und veranlasst, sowohl Kapital als auch Zinsen abzutragen. Er erntet alles, was er gesät hat, und der einzelne Sündenakt, den er zu sühnen in Begriff ist, bleibt klar sichtbar vor seinen Augen, bis er abgetragen worden ist."

„Aber was wird aus all denen, die weder gut noch ganz schlecht waren, oder jenen, die im Sterben bereuten?"

„Sie alle finden ihren eigenen Platz. Vielleicht kann ich dir das mit einem groben Bildvergleich deutlich machen: Denke an die Legende von Mohammeds Sarg. Wenn du die Zahl der Särge ins Unendliche erhöhst und dir Himmel und Hölle als zwei Magneten vorstellst, die auf jeden Sarg nach seinen Eigenschaften wirken – einige zunächst niederhaltend, andere hochziehend, erhältst du ein ungefähres Bild vom ‚eigenen Platz' eines jeden. Eines muss allerdings hinzugefügt werden, wenn der Vergleich ganz stimmen soll."

„Und was ist ds?"

„In welche Richtung auch immer der Magnetismus zunächst wirken mag, er kann nicht statisch bleiben. Das Gesetz der geistigen Höher-Entwicklung bestimmt, dass die niedere Kraft ständig schwächer und die höhere stärker wirken muss, bis eines Tages alle solcherart ‚Schwebenden' in den Ruhezustand um den ewigen Magneten gezogen worden sind. Aber komm und sieh' selbst, was hier im Erdkreis geschieht!"

* * *

Keine Sprache hat Worte für die Offenbarung des Schrekkens, die während der nun folgenden Reise mit Ladas auf mich einstürzte. Wir betraten einen unheilschwangeren, dunklen Bereich, in dem die Sünde, unentrinnbar verstrickt in hemmungslose Selbstfolterung, ihre grausamsten Ausschweifungen feierte.

Jede Szene, die ich sah, siedete vor wilder, teuflischer Leidenschaft. Schäumende Kessel der Verderbtheit, in denen die faulsten Seelen nach oben geworfen zu werden schienen und gierige Vampire mit verzweifelter Kraft darum kämpften, andere in ihren furchtbaren, aber dennoch nicht auslöschenden, Verzweiflungskampf zu ziehen.

Mehr als einmal zitterte ich um meine eigene Sicherheit, doch Ladas beruhigte mich und zeigte mir, wie der Einfluss jeder einzelnen Gruppe auf einen bestimmten Umkreis beschränkt war, an den sie fest gebannt blieb. Außerhalb dieser Grenze bzw. des Umkreises, an den einzelne Seelen aus dem sich windenden Knäueln geworfen wurden, nur um sich von dort erneut in die Mitte zu kämpfen, herrschte völlige Ruhe. Und dort stand eine Menge von Helfern bereit, um auf jeden ehrlichen Hilferuf zu antworten.

Nicht nur die entkörperten Seelen in diesem Hexenkessel konnte ich beobachten, sondern auch die weltliche Seite. Ich sah, wie Opfer über Opfer in die gleißenden Umkreise gelockt wurden, über die jeweils eine Gruppe dieser verworfenen Seelen unsichtbar, aber umso unerbittlicher, herrschte. Einige der Opfer zögerten zunächst, zeigten Zweifel, bevor sie sich, furchtsam noch, hineinziehen ließen. Andere traten neugierig hinzu, sorglos und halb bereit, ihr Glück zu versuchen, wieder andere waren schuldbewusst und bemüht, nicht erkannt zu werden. Die Mehrheit aber schien kühn und zuversichtlich, dass sie den Sprung wagen und bereichert, ohne Schaden zu nehmen, zurückkehren könne. Ich hörte die Rufe, mit denen die Versucherseelen die Neuankömmlinge begrüßten, unhörbar für sie, aber dennoch von unheimlicher, verstrickender Wirkung.

Leidenschaft macht Erdenmenschen gefühllos gegenüber Schmerzen, nicht aber bei uns. Hier verschärft sie die Qualen. Dennoch schienen sich die gestraften Seelen, mit jedem neuen Akt hemmungsloser Sünde, in noch tollkühnere Taten hineinzustürzen. Hungrige, gierige Augen blickten auf ihre Opfer, verkrampfte Hände streckten sich aus, die Zögernden herabzuziehen, obwohl jede Seele genau wusste, dass der Erfolg nur noch schlimmere Pein für sie bedeuten würde.

Nein! Nein! Das alles ist keine dichterische Phantasie, sondern eine wahre, wenn auch unvollkommene Wiedergabe der furchtbaren Szenen, die mich Gott in seiner Gnade sehen ließ, damit ich die Menschen davor warnen kann. Das Feuer von Dantes Inferno ist ein Eisberg, verglichen mit dem, was ich hier mit eigenen Augen sah.

„Gibt es denn gar keine Möglichkeit, diese unbeschreibliche Qual zu lindern?“, fragte ich meinen Begleiter, als er mich schließlich in einen ruhigeren Bereich fortgeleitet hatte.

„Keine! Wenn wir mit aktivem Eingreifen etwas erreichen könnten, hätte ich tausend Helfer für jede einzelne Seele bereit. Aber was können sie tun? Sieh nur die vielen, die ohnehin für den Augenblick bereitstehen, da ein Hilferuf erfolgt. Hunderte sind es, wo nur einzelne gebraucht werden.

Glücklicherweise ist die Strafe zu hart, als dass sie lange ertragen werden könnte, außer in sehr seltenen Ausnahmefällen. Ermüdung tritt ein, und wenn das Fieber der Rache und Leidenschaft sich ausgetobt hat, kommen diese Wahnwitzigen zur Besinnung, spüren, was mit ihnen geschehen ist und geben den sinnlosen Kampf auf."

„Was meinst du damit: Spüren sie, was mit ihnen geschehen ist?"

„Ah, diese Frage hätte ich allerdings vorwegnehmen sollen, bevor wir unsere Reise antraten. Aber sie kommt auch jetzt im richtigen Augenblick. Was ich meinte ist, dass die meisten dieser Unglücklichen keine Ahnung haben, dass sie gestorben sind."

„Ist das möglich?"

„Nicht nur möglich, sondern unter den Umständen beinahe natürlich. Denke einmal an all die nebelhaften, irrigen Vorstellungen, die man auf der Erde immer noch vom Leben nach dem Tode hat: dass die Seele sofort allwissend wird, dass eine Bekehrung auf dem Totenbett den ärgsten Sünder von Strafe bewahrt, oder dass wir bis zum jüngsten Tage schlafen, um dann wieder mit unseren körperlichen Leibern aus den Gräbern aufzustehen. Die Sünder, so meinen andere, werden sofort dem Teufel und seinen Helfern zur Folterung in den Feuern der Hölle übereignet, aus der es kein Entrinnen gibt. Wenn alle diese Vorstellungen auf Erden herrschen und oft sogar von den Kirchen ausdrücklich verkündet werden, ist es dann ein Wunder, wenn Seelen, die ganz andere Verhältnisse vorfinden, ihre neue Lage nicht begreifen?"

„Trotzdem kann ich das schwer glauben."

„Warum? Es geschieht viel häufiger als du denkst. Verstandest du selber gleich, was geschehen war, als du hier ankamst?"

„Nein", musste ich zugeben. Ich hatte den Fehler begangen, andere nach einem anderen Maßstab zu messen als mich selbst. „Aber mein Hinübergang war so plötzlich, so unerwartet, dass sich meine Verwirrung vielleicht dadurch erklären ließ."

„Die Verwirrung entsteht nicht so sehr aus der Plötzlichkeit eines Todes, als aus den irrigen Vorstellungen, die ihm vorangingen. Die Veränderung deiner Umgebung, die du wahrgenommen hast, war zunächst rein äußerlicher Art. Dein eigenes Ichgefühl, dein Denken war dasselbe wie zuvor, und der Wechsel der Landschaft genügte keinesfalls, dir sofort klarzumachen, was geschehen war. Du hättest wahrscheinlich eher annehmen können, dass jemand sich, während dein Bewusstsein ausgeschaltet war, einen handfesten Scherz mit dir erlaubt hatte."

„Ich muss zugeben, dass du recht hast."

„Es gibt eine einfache Erklärung dafür, dass manche Menschen sich ihres Todes noch eine ganze Weile nicht bewusst werden: Ihr Leben knüpft ja unmittelbar an ihr Erdendasein an. Gewiss tauscht man seine Kleider gegen ein spirituelles Gewand ein, aber auch das ist nicht neu, denn dieses Gewand ist jedem Menschen aus seinem Schlafleben bekannt."

„Aber daran erinnert man sich nicht auf Erden."

„Vielleicht nicht, aber die befreite Seele erinnert sich. Und selbst auf Erden sollte und könnte man sich erinnern. Leider würde der Mann, der dort für diesen Weg der Offenbarung eintritt, von seinen Mitmenschen der Lächerlichkeit preisgegeben oder sogar verfolgt. Worauf es ankommt ist, dass, während der Körper im Tiefschlaf ruht, jede Seele ein Stück Wahrheit kennenlernt, ob sie sich, wieder im Körper, daran erinnert oder nicht. Der Tod führt ihn keineswegs weiter; er unterbricht nur die Anziehung, die der Körper auf die wandernde Seele ausübt. Ist es dann noch verwunderlich, dass diese Unglücklichen nicht begreifen, was mit ihnen geschehen ist?“

„Wie setzt dieses Begreifen aber schließlich ein?“

„Ich könnte dir das an einem praktischen Beispiel zeigen. Oder soll ich dir lieber von einem Fall erzählen, dem ich kürzlich beiwohnte?“

„Du hast dir sehr viel Mühe mit mir gegeben, lieber Bruder“, antwortete ich. „Aber im Augenblick könnte ich es kaum ertragen, neue Szenen mit anzusehen.“

„Gut, dann wird meine Schilderung dieses Falles dir ein sehr typisches Beispiel zeigen. Es betrifft einen Mann, der jahrelang in einem Maklerbüro angestellt war und sich dort eine Vertrauensstellung erwarb. Schließlich trat die Versuchung an ihn heran: Man bot ihm Geld, wenn er die Interessen seines Arbeitgebers preisgeben wollte. Zunächst lehnte er ab, dann wurde er schwankend, und endlich willigte er ein, zwar nicht offenen Verrat zu üben, aber gewisse Anfragen auf so zweideutige Weise zu beantworten, dass damit derselbe Zweck erfüllt wurde. Eines Tages wurde er durchschaut und entlassen. Mit dem unrecht erworbenen Geld aber hatte er sich inzwischen ein Vermögen aufgebaut.

Sein ganzes Streben war fortan darauf gerichtet, dieses Kapital Schritt für Schritt zu vermehren.

Mitten aus diesem Streben riss ihn der Tod eines Tages fort. Ich war dabei, als er nach dem Hinübergang wach wurde. Zunächst wunderte er sich über die fremdartige Umgebung, dann über sein eigenes Aussehen. Aber der Wunsch in sein Büro zurückzukehren, wo ihn der Schlag getroffen hatte, war stärker als alles andere."

„Nun musst du wissen", fuhr Ladas fort, „dass den erdgebundenen Seelen die Stätten ihrer Knechtschaft und die dort lebenden Menschen fast so greifbar und wesenhaft bleiben wie zuvor, wiewohl sie selbst natürlich für die Erde unsichtbar geworden sind. Allein dieser Umstand verhindert schon, dass sie sich ihres Todes bewusst werden. Unser Freund also kehrte, von seinem eigenen Begehren unfehlbar geleitet, in sein Büro zurück. Dort stellte er fest, dass seine Abwesenheit offenbar doch von längerer Dauer gewesen sein musste, denn viele ihm gar nicht genehme Veränderungen hatten sich zugetragen. Die schlimmste davon war, dass sich sein Prokurist in seinem Privatbüro eingenistet hatte und dort offenbar völlig ohne Rücksicht auf ihn selbst, die Geschäfte führte. Energisch verlangte er eine Erklärung, aber der Prokurist schien taub und blind, er beachtete ihn überhaupt nicht. Unser Freund tobte, schrie und bat bei den anderen; auch sie beachteten ihn nicht. Voller Wut stürmte er schließlich nach Hause. Aber dort erging es ihm eher noch übler, denn er stellte fest, dass seine Angehörigen ihn offenbar als tot betrachteten. Völlig verwirrt kam er schließlich zu uns, immer noch in der Hoffnung, an die Stätte seines Erdendaseins zurückkehren und sich für die vermeintliche Schmach rächen zu können. Bei wenigstens jeder zweiten der unglücklichen Seelen, die du beobachtet hast, würdest du ganz ähnliche Umstände vorfinden. Und wir können ihnen nicht helfen, bis sie ermüdet und ausgelaugt selber darum bitten."

Die Gefahren, die den Schwachen und Leichtsinnigen auf der Erde drohen, waren mir in einer Weise klar geworden, die an Deutlichkeit nichts zu wünschen übrig ließ. Bedrückt fragte ich: „Ist die ganze Erde von einer solchen, vom Bösen besessenen Menge umringt?"

„Nein! Wenn dem so wäre, müsste es den endgültigen Sieg des Guten über das Böse beinahe unmöglich machen. Was du gesehen hast sind schwärende Eiterherde der Zivilisation. Die hier weilenden Seelen wählen in ihrer Sucht nach Reichtum, Macht oder Einfluss bewusst das Falsche, obgleich sie sehr wohl das Rechte kennen. Viel ward ihnen gegeben und viel wurde deshalb von ihnen verlangt. Sie erfüllten es nicht, wurden zu moralischen und geistigen Bankrotteuren und müssen sich jetzt notwendigerweise einem Verfahren unterziehen, das sie von ihren Schlacken reinigt."

„Welch ein schreckliches Gewicht liegt aber dabei auf dem Grundsatz der Vergeltung?"

„Das scheint dir so, weil du das Gesetz am Wirken siehst. Es ist unveränderlich und deshalb unausweichlich. Die Erdenmenschen machen den großen Fehler, nur ihre materiellen Gesetze als feststehend anzusehen. Auf geistigem Gebiet, wenn sie dessen Vorhandensein überhaupt zugeben, glauben sie, sei das Gesetz launenhaft oder könne doch zumindest durch Selbsttäuschung und eitle Versprechungen umgangen werden. Niemand, der etwas von Sprengstoff versteht, würde damit leichtfertig umgehen. Und doch ist Sprengstoff absolut harmlos im Vergleich zu den geistigen Gesetzen, die die Menschen missachten. Vor einer Explosion kann man sich möglicherweise schützen, nicht aber vor dem Gesetz!“

Gibt es einen Teufel?

Jede Gruppe dieser erdgebundenen Seelen ist an einen Ort gebannt, der ihren Leidenschaften und Süchten genau entspricht: die Trunkenbolde an die Kneipen, die Spieler an die Spielhöllen, um nur zwei Beispiele zu nennen. Ist die Schuld darüber hinaus mehr individueller Art, wie Habgier, Hass oder Unterdrückung, so erfolgt eine Fesselung oft unmittelbar an dem Ort, an dem diese Taten begangen wurden.

Ladas zeigte mir einen besonders eindrucksvollen Fall dieser letzteren Art. Es war ein Mann, der sich in einem Fischerdorf an der englischen Küste durch seine Schläue und Geschäftstüchtigkeit eine Machtstellung erworben hatte und seinen Besitz im Laufe der Jahre durch Handel und wucherischen Geldverleih so vergrößerte, dass schließlich die ganze Gemeinde wirtschaftlich von ihm abhängig war. Nach dem Tode eines Einwohners, der sich ihm zu widersetzen gewagt hatte, rächte er sich in teuflischer Weise an dessen Tochter. Er gab dem Mädchen unter scheinheiligen Versprechungen eine Anstellung in seinem Kontor und trieb es durch planmäßige Quälereien zur völligen Verzweiflung und schließlich zum Selbstmord. Die Einwohner ahnten, was geschehen war, aber niemand wagte etwas zu sagen. Die Kirche wurde durch eine Spende zum Schweigen gebracht.

Gerade in dieser Zeit hatte der Geschäftsmann den Grundstein zu einem prächtigen neuen Wohnsitz für sich legen lassen. Eine Feier begleitete diesen Akt, bei dem die Honoratioren der Umgebung in langen Reden das Lob des „tüchtigen" Bauherrn sangen, während die von ihm unterdrückte Einwohnerschaft schweigend zusah. Es sollte die letzte irdische Feier für ihn gewesen sein. Das Haus war kaum fertig, als er vor seinen göttlichen Richter berufen wurde.

Als Ladas mich zu dem Haus führte, war es bereits seit Jahren das Gefängnis der Seele dieses Mannes. Ich hatte schon früher, an lichteren Stätten gelernt, dass jeder Einrichtungsgegenstand unseres Heims im Jenseits der geistige Ausdruck einer Verhaltensweise oder Handlung im Erdenleben ist. So war es auch hier! Jede Einzelheit in diesem Hause war die Verkörperung einer gewissenlosen Handlung, einer Lüge, einer Bereicherung an Schutzlosen, der Erniedrigung von Frauen oder der heuchlerischen Bemäntelung. Das Leben dieses Mannes war geschäftig gewesen. Die Strafe aber, die er nun schon seit Jahren ohne Unterlass zu ernten hatte, war ebenso geschäftig.

Hunderte schemenhafter Erscheinungen umdrängten ihn, die Rechnungen präsentierend, die nun auf sein geistiges Schuldkonto fielen. Dennoch zeigte er nicht die leiseste Reue. Eine rebellische Entschlossenheit beherrschte ihn, die pausenlos auf ihn eindringenden geistigen Strafen zu überwinden, um wieder sein altes Ich herrschen und obsiegen zu lassen. Die Maske der Religion war längst gefallen; er wusste, dass er gegen Gott kämpfte und glaubte dennoch, dass er den Sieg davon tragen könne.

Es war die fürchterlichste Szene der Vergeltung, die ich bisher gesehen hatte. Aber das Allerschlimmste für diesen Mann schien sein Bewusstsein zu sein, dass ihn alle bei seinem hoffnungslosen und blindwütigen Kampf beobachten konnten.

„Hätte man diesen Mann nicht vorher warnen können?", fragte ich Ladas.

„Nein! Er kannte die Gebote seiner Religion ganz genau und traf aus freiem Willen die Entscheidung, sie allesamt in den Wind zu schlagen. Zurzeit kann ihn keine Hilfe erreichen. Erst muss er zu sich selbst kommen und entdecken, was er an anderen gesündigt hat. Dann werden tausend Hände bereit sein, ihn aus seinem Gefängnis zu befreien. Wie das geschieht, möchte ich dir an einem anderen Fall zeigen."

Wir kehrten an eine der Stätten zurück, die wir schon vorher besucht hatten. Dort stand eine Gruppe von Helfern bereit, deren besonderes Interesse in diesem Augenblick einer Frau galt, die sich offensichtlich dem Wendepunkt ihrer Qual näherte. Sie lag stöhnend am Boden und riss sich in letzter Verzweiflung an den eigenen Haaren, als wollte sie sich durch den selbst zugefügten Schmerz Ablenkung von ihrer Qual verschaffen. Plötzlich sprang sie auf, als wolle sie sich erneut in den Sündenpfuhl vor ihren Augen stürzen, dann aber wich sie zurück, schlug die Hände vors Gesicht und brach in Tränen aus.

„Mein Gott, mein Gott, wird diese Qual niemals enden?"

Kaum hatte sie diese Worte ausgesprochen, war sie auch schon von wartenden Engeln umringt, die sie mit einem solchen Ausdruck der Freude zu sich zogen, dass ich im Augenblick die ganze furchtbare Szene ringsherum vergaß. ‚Bevor sie rufen kann, werde ich antworten'. Es bedurfte keines eindringlicheren Beweises, dass der helfende Arm Gottes uns immerdar geboten wird, dass schon der erste Gedanke der Reue genügt, von ihm erreicht zu werden.

Die unglückliche Frau starrte ungläubig auf ihre Retter. Endlich rief sie: „Wenn ihr Erbarmen habt, dann nehmt mich bitte, bitte fort aus dieser furchtbaren Qual. Ich kann nicht mehr."

„Dazu sind wir hier", war die Antwort. „Gott hatte deinen Ruf schon gehört, bevor du deine Stimme erhobst. Wir werden dich an einen Ort bringen, an dem dich kein sinn- und nutzloses Leid mehr erreichen kann. Von den Sünden, die dein Leben befleckt haben, wirst du dich noch reinigen müssen, bevor du die Gegenwart der heiligen Ruhe ertragen kannst, nach der du dich sehnst. Aber fürchte dich nicht! Das Schlimmste ist jetzt vorüber. Was du noch an Schmerz erdulden musst, wird dir zur Reinigung und Vorbereitung auf ein höheres Leben dienen."

„Sprich weiter", bat sie. „Ich will euch überallhin folgen, wenn ihr so zu mir sprecht. Ihr seid gut! Ihr hasst mich nicht! Ich kann euch vertrauen."

Atemlos, mit langen Pausen der Erschöpfung, stieß sie diese Sätze hervor. „Ihr könnt mir den Willen geben, gut zu sein, wenn ich es jemals sein kann! Ihr könnt sogar von Gott sprechen. Wenn andere früher so zu mir gesprochen hätten, wie ihr jetzt, ich hätte auf sie gehört!"

„Gott ist nicht böse mit dir, liebe Schwester. Er fühlt Mitleid mit dir, liebt dich, will dich zu sich ziehen. Selbst die Strafe, die du erdulden musstest, war dazu bestimmt, dich vom Wege blindwütiger Sünde abzubringen. Und was jetzt noch folgt, wird nur dazu dienen, die Vergangenheit auszutilgen. Erinnerst du dich, was Christus über den verlorenen Sohn sagte? Auch auf dich wartet das Willkommen des Vaters, der dich niemals wieder von sich gehen lassen wird."

Während eine Helferin diese Worte sprach, entfernte sich die Gruppe mehr und mehr von dem Ort, der die Unglückliche an sich gefesselt hatte. Der Bann war gebrochen.

Ladas gab mir einen Wink. „Wir wollen ihnen nicht folgen. Dieser Fall würde dir keine klare Vorstellung davon geben, was die Hölle wirklich ist."

* * *

Wir entfernten uns in einer Richtung, die dem von den rettenden Engeln eingeschlagenen Weg genau entgegengesetzt lag. Zunehmende Dunkelheit brachte mir bald zum Bewusstsein, dass wir den Bereich der „Erdgebundenheit" verlassen hatten und in eine neue Region eintraten. Sie war voll von Geräuschen und lauernden Gefahren. Wie Schatten bewegten sich hier und dort die Gestalten von Männern und Frauen.

Ein markerschütternder Schrei traf mein Ohr. „Hilfe, Hilfe, ich bin blind." Die Stimme brach sich an Gängen und Schluchten, und ihr Echo klang wie Hohngelächter.

Ladas nahm meine Frage vorweg und wies auf eine Frau, die in einiger Entfernung undeutlich zu erkennen war. „Sie will fort von hier, an einen besseren Ort, aber das ist im Augenblick unmoglich, denn sie hat nicht einmal das Vertrauen, dass ihr dies gelingen könnte."

„Wie ist das möglich?"

Mein Begleiter sah sich die Hilfesuchende etwas näher an bevor er antwortete: „Diese Frau ist ein Beispiel für die

Hölle, die auf moralische Feigheit folgt. Auf Erden besaß sie erheblichen Reichtum und gab beträchtliche Summen in der müßigen Hoffnung aus, dadurch Ersatz für das Nichterfüllen eigener Pflichten zu leisten. Sie scheute vor allem Unangenehmen zurück und glaubte, sich mit ihrem Geld von jeder tätigen Anteilnahme freikaufen zu können. Die Verwalter ihrer Spenden scheinen sie in diesem Glauben noch bestärkt zu haben. Aller irdischen Vorrechte entkleidet, muss sie jetzt die Folgen ihrer moralischen Feigheit tragen; völlige Blindheit an einem Ort, von dem zu entweichen man die schärfsten Sinneswerkzeuge, Mut und Vertrauen benötigen würde.

„Die Fallgruben, die ringsherum ihren Weg beschneiden, sind übrigens geistige Folgen des Klassenbewusstseins, auf Erden. Wir können dieser Frau nicht helfen. Sie hat sich ihre eigene Hölle geschaffen und muss hierbleiben, bis der letzte Heller ihrer Schuld abgetragen ist. Dann wird sie ihr Augenlicht wiedergewinnen und ihren Weg von hier fort finden."

Ich will nicht den hoffnungslosen Versuch machen, in Worte zu kleiden, was ich sah und hörte, als Ladas mich in noch tiefere Regionen führte, vor allem jene in mir unauslöschliche Vision der Hölle eines Mannes, der in seinem Erdenleben wohl den absoluten Tiefpunkt seiner Verworfenheit erreicht hatte: des Mutter- und Gattenmörders Nero, ehemals Kaiser von Rom.

Ich sehe das ungläubige Lächeln meiner Leser, die sich in diesem Augenblick ausrechnen mögen, dass Nero schon vor etwa zwanzig Jahrhunderten durch Selbstmord starb. Ich will mich darauf beschränken, zu sagen, dass es hier keinen

Zeitbegriff im irdischen Sinne gibt, und dass ein unerbitterliches Gesetz die Sühne jedes einzelnen Sündenaktes fordert. Die Hölle kennt keine Pauschalstrafen. Sie kennt auch keine gleichgültigen Sträflinge, da selbst die Seele des gefühllosesten Verbrechers mit dem irdischen Tode höchste Empfindsamkeit gewinnt.

Die Qualen dieser Seele waren die notwendige, gerechte Strafe für ihre unbeschreiblichen, aus wollüstiger Freude an Grausamkeiten geborenen Verbrechen. Ich aber hatte, an diesem Punkt angelangt, genug von der Hölle gesehen und spürte keinen Wunsch, weitere Spielarten kennenzulernen.

Wenn nur den Menschen auf der Erde ein kurzer Einblick in diese Zustände gegeben werden könnte, vor denen die Macht des Wortes völlig versagt, der Welt würde eine Warnung vor dem Bösen zuteil, wie sie sterbliche Augen und Ohren noch nicht erreicht hat!

„Es scheint fast unglaublich", sagte ich zu Ladas, „dass ein Mensch in den wenigen Jahren seines Lebens solche Strafen ernten kann."

„Du hast recht. Es gibt wohl keinen deutlicheren Beweis dafür, wie unser freier Wille zum Guten oder Bösen wirken kann. Ich habe keine Möglichkeit, diesem Unglücklichen zu helfen. Du magst es nicht bemerkt haben, aber vor seinen Augen hängt eine Tafel, auf der er genau ablesen kann, wofür er jeden einzelnen Schmerz erduldet und wie viel von seiner Schuld noch übrigbleibt. Sein eigenes Gedächtnis und Gewissen sind Beisitzer dieses Gerichts und verhindern es schon dadurch, dass ein Gran Strafe zuviel oder zuwenig ausgeteilt wird."

„Die Hilflosigkeit dieses Zustandes scheint seinen Schrekken noch zu vergrößern“, meinte ich. „Aber es ist barmherzig, dass die Leidenden dabei wenigstens nicht eingekerkert sind.“

„Das wäre auch nicht notwendig. Niemand versucht hier gewaltsam auszubrechen. Die Hölle ist kein Ort des Aufbegehrens, sondern ein Zustand des passiven Erduldens. Es gibt nicht eine einzige Seele darin, die nicht durch Erfahrung begreifen lernt, dass die Liebe Gottes hier ebenso gegenwärtig ist wie im höchsten Himmel. Vielleicht ist es gerade diese Erkenntnis, die die stärkste Reue auslöst: gesündigt zu haben gegen eine so unwandelbare Liebe, die Mitleid hat, wo man wohlverdiente Rache erwartet. Der Sünder begreift den Zweck seiner Hölle als das beste Mittel, sich von seiner Sünde völlig zu reinigen, auf dass er sein wahres göttliches Erbe antreten kann.“

„In ihrer Unwissenheit neigen die Menschen dazu, die ewigen geistigen Gesetze an den Maßstäben ihrer weltlichen Rechtsprechung zu messen“, fuhr Ladas fort. „Nichts ist verhängnisvoller als das! Die irdische sogenannte Gerechtigkeit kann man durch Redegewandtheit und Willkür steuern oder durch andere Dinge beeinflussen. Weil Gott nicht auf jeden Marktplatz ein Tribunal errichtet und jeden Sünder unverzüglich und öffentlich zur Rechenschaft zieht, meint man, die Sünde werde nur in der Theorie gestraft: ‚Wo ist denn euer Gott, wenn es ihn gibt’, rufen die Frevler und stürzen sich höhnisch auf ihr nächstes Opfer. Wissen sie nicht, dass Naturgesetze nicht der Willkür unterliegen?“

„Du kannst nicht ein Feuer überlisten oder bestechen, damit es ein Kind nicht brenne. Ebenso wenig kannst du es schelten. Es ist die Natur des Feuers, zu brennen und die Natur der Sünde, auf den Sünder strafend zurückzufallen. Mit keinem von beiden darf man ungestraft spielen. Die Tatsache, dass die Bestrafung der Sünde während des Erdenlebens nicht sichtbar zu werden scheint, besagt gar nichts. Wenn weltliche Gerichte einen Verbrecher verurteilen, dann geschieht der Strafvollzug ja gewöhnlich auch hinter den Mauern einer Anstalt, den Blicken der öffentlichen Neugier verborgen. Nun, die Hölle ist Gottes Besserungsanstalt, und auch sie ist gnadenvoll verborgen. Ihre Wirkung zum Guten aber ist so unfehlbar, dass noch keine Seele sie jemals verlassen hat, ohne freimütig zu bekennen: ‚Ich habe gesündigt'."

„Ist die Absonderung der Sünder in der Hölle stets der Fall?", fragte ich.

„Nein. Die Behandlungsweisen sind so vielfältig wie die zu büßenden Sünden."

„Wo ein so vollkommenes Gesetz am Werke ist, fragt man sich beinahe, was für den Teufel noch zu tun übrigbleibt."

Ladas blickte mich voll an. In seiner Antwort waren weder Überraschung noch Überheblichkeit zu spüren. „Welchen Teufel meinst du?"

„Nun, den großen Erzfeind der Menschheit."

„Den Erzengel, der vom Himmel abfiel?"

„Ja, gewiss. Luzifer und seine Scharen."

„Lieber Freund, hast du jemals darüber nachgedacht, was es bedeuten würde, wenn es ihn gäbe?"

„*Wenn* es ihn gäbe! – Aber es gibt ihn doch. War es denn nicht immer so?"

„Sag lieber, man hat es dich so gelehrt. Nein, Aphraar, der Teufel gehört in den Bereich der Erfindung phantasievoller und leider auch berechnender Priester, die sein angebliches Vorhandensein zur Stärkung ihrer eigenen Stellung nützlich fanden. Was nicht von ihnen war, das war vom Teufel."

„Bist du vollkommen sicher, dass es ein solches Wesen nicht gibt?"

„Ganz sicher! Wenn die Hölle einen Gebieter hätte, ich wäre ihm bei meinen Missionen schon viele Male begegnet. Außerdem steht die Vorstellung von dem Vorhandensein des Teufels in direktem Widerspruch zu Gott."

„Inwiefern?"

„Nehmen wir an, ein Erzengel wäre tatsächlich von Gott abgefallen. Ein solcher Fall hätte Gott in seiner Allwissenheit und Allmacht nicht nur vorher bekannt, er hätte auch vorher von ihm gebilligt sein müssen. Das aber wäre ein vollkommener Widerspruch in sich selbst und deshalb unmöglich."

„Könnte das aber nicht eine Frage sein, die sich unserer menschlichen Logik entzieht?"

„Gewiss gibt es solche Fragen, und es wird ganze Zeitalter dauern, bis wir sie begreifen lernen. Aber das Vorhandensein eines Teufels gehört nicht dazu. Du kannst ohne Gefahr davon ausgehen, dass Dinge, die der reinen Vernunft widersprechen, auch im Geistigen nicht sein können. Die Vorstellung von einem leibhaftigen Teufel aber steht dem allumfassenden Wesen Gottes völlig entgegen, und je weiter wir unsere Spekulation führen, desto hoffnungsloser geraten wir in Widersprüche.

„Lass uns die ganze Unlogik zu Ende führen. Der frommen Fabel zufolge rebellierte Luzifer gegen Gott, um noch mehr Macht zu gewinnen als er schon besaß. Er verlor seinen Platz im Himmel, ein Platz, den er wegen der ihm innewohnenden unreinen Gedanken ohnehin niemals hätte einnehmen können! Er gewann, so heißt es aber weiter, ein Drittel der himmlischen Heerscharen und einen eigenen, von Gott unabhängigen Thron als Prinz der Kräfte der Luft und Herr über die Welt, die er durch seine Revolte aus der Hand ihres Schöpfers gerissen hatte. Der Kreuzestod des Gottessohnes war notwendig, so urteilt man weiter, um der Welt die Erlösung aus dieser Herrschaft zu bringen. Dessen ungeachtet aber behält der Teufel sein Zepter, als sei nichts geschehen, und Gott kann nichts gegen ihn tun. So wollen es diese falschen, der Weisheit und Allmacht Gottes widersprechenden Theorien!"

Ich war sehr nachdenklich geworden. „Stürzt nicht das ganze Gebäude der Theologie zusammen, wenn es keinen Teufel gibt?"

„Das brauchte nicht zu sein. Das Verlangen mehr von Gott zu wissen ist *eine* Sache, die Formung versklavender Dogmen aufgrund rein spekulativer Überlegungen eine andere. All das ändert nichts an der Wahrheit: Gott herrscht allein über Himmel, Erde und Hölle. Es gibt keinen neben IHM, den immerdar Allmächtigen."

Ich nahm Abschied von Ladas. Was ich an seiner Seite gesehen hatte, erfüllte mich mit einem starken Wunsch für eine Weile allein zu sein. Das volle Ausmaß dessen, was er zuletzt gesagt hatte, mochte ich noch nicht verstehen. Aber er hatte genügend mythologische Irrtümer in mir beseitigt, um mich erkennen zu lassen, dass Gottes Plan den ganzen Kreisbogen der Schöpfung einbezieht. Erde, Himmel und Hölle haben darin ihren angestammten Platz wie die Farben in einem Spektrum.

Und wenn wir aus eigenem Willen oder Versäumnis den Weg über die Hölle wählen, dann ist aber auch sie nur eine Station auf dem Pilgerweg, der nur ein Ziel haben kann. Gott wandelt sich nicht! Solange auch nur eines seiner Kinder noch nicht heimgekehrt ist, wird er den Horizont absuchen, bereit, den Sohn zu empfangen, der sich des Vaterhauses erinnert. Wo der Tag ewig währt, kann es keine Zuspät-Gekommenen geben!

Welch ein Gegensatz zu der vom Menschen geschaffenen Fabel, die die Welt zu gleichen Teilen in Himmel und Hölle aufteilt und die Einwohner des Himmels über ihre Brüstung hinab schadenfreudig auf die Leiden der „Verdammten" blicken lässt!

---

*) „Reise in die Unsterblichkeit – Das Leben jenseits der Nebelwand" (Bd. 1), im Drei Eichen Verlag erschienen.

CUSHNAS PFLEGEHEIM

(Gibt es eine Wiedergeburt?)

Einige Leser meines ersten Bandes*) haben mir geschrieben um zu fragen, nicht ohne einen deutlich spürbaren Ton der Enttäuschung, warum ich nichts über die körperliche Wiedergeburt (Reinkarnation) sage. Geduld, meine lieben Leser! Ich weiß noch sehr wohl, wie dieses Thema auch mich auf Erden häufig fesselte. Hier im Jenseits war es mir vorübergehend aus den Augen geraten, da ich durch nichts an diese Frage erinnert zu werden schien. Die Antwort kam schließlich unter ganz natürlichen Umständen. Und der sie gab, war niemand anderes als mein väterlicher Freund CUSHNA."

Schon lange hatte ich mir gewünscht, das Heim des Ägypters kennenzulernen. Es ist zugleich ein Heim für die Seelen jener Allerkleinsten, die von der Erde zu uns kommen, bevor sie zwischen Gut und Böse unterscheiden können. Ihre Unterweisung ist CUSHNAS Haupt- und Lieblingsbeschäftigung.

„Sammelt die Bröcklein auf, damit nichts verloren gehe." Diese Worte Christi, nach der Speisung der Fünftausend, haben eine tiefe Bedeutung, die die ganze Schöpfung einbezieht: Auch ihre kleinsten Bruchstücke bergen göttliche Eigenschaften und dürfen nicht verlorengehen. Die Seelen von Kindern, die während oder bald nach der Geburt ihre Körperchen wieder verließen, ja selbst jene, die noch im Mutterschoß ruhen und dort nur die erste eigene Bewegung machten, sind geistige Bruchstücke, die im Jenseits sorgfältig aufgesammelt werden, um sie in liebevoller Pflege zu reifen Seelen zu entwickeln.

Das Pflegeheim CUSHNAS ist eines von zahlreichen, die ausschließlich der Belehrung dieser winzigen Seelen dienen. Es ist dazu mit einer Vielfalt von Möglichkeiten ausgestattet, wie sie nur die allumfassende Vorsorge Gottes erfinden kann. Seine Insassen, etwa zweitausend an der Zahl, stammen aus allen Ländern und Rassen der Erde. Sie werden von vorneherein in so völliger Gemeinschaft erzogen, dass der Gedanke an Rassenunterschiede gar nicht entstehen kann.

Sobald die Kleinen nach sorgsamer Pflege und Anleitung dazu befähigt sind, gehen sie weiter an andere Stätten der Unterweisung. Der Himmel ist ein vollkommener Ort für vollkommene Seelen. Ein Kind, notwendigerweise noch unvollkommen, muss zur vollen geistigen Reife entwickelt werden, bevor es ihn betreten kann, ebenso wie ein Greis zunächst die Kraft der Jahre körperlicher Blüte wiedergewinnen muss.

CUSHNA selbst ist ein unübertreffliches Beispiel für den letzteren Fall. Jedes Mal wenn ich ihn treffe, bewundere ich erneut, wie vollkommen sich das zweifellos hohe Alter dieses Ägypters auf unbeschreibliche Weise hinter seinem lebensfreundlichen, jugendlichen Äußeren verbirgt. Nirgends empfand ich den Zusammenklang von gütiger Weisheit und lebendiger Frische deutlicher als hier in seinem allereigensten Wirkungsbereich.

Die Methoden der Unterweisung in diesem Heim waren mit einer Sorgfalt ausgewählt und fortentwickelt, wie sie nur unendliche Erfahrung zeugen konnte. Stärke, Wachstum, Charakter, Aufgeschlossenheit, ein sanftes Gemüt, verbunden mit entschlussfreudiger Fortschrittlichkeit, Liebe, Demut und Erfolg, all diese Dinge zugleich waren hier zu erwecken und zu entwickeln; CUSHNA hatte für alles vorgesorgt und darüber hinaus Vorkehrungen getroffen, dass vererbte Neigungen zum Negativen und Unreinen sorgsam ausgelöscht wurden.

Die ganze Anlage umfasst eine größere Anzahl von stattlichen Gebäuden, die jeweils in eine nach ihrer besonderen Bestimmung gestaltete Umgebung eingebettet sind. Auch Schlafräume fehlen nicht, da diese kleinen Seelen alle noch ein bestimmtes Maß an Schlaf brauchen, ferner ein Museum, ein Theater, naturkundliche Laboratorien und viele andere Stätten, die jedem nur denkbaren Bildungszweck Genüge tun.

Am stärksten prägte sich mir die Landschaftsgärtnerei ein, die in äußerst geschickter Weise darauf abgestellt war, die Kinder zum Fragen anzuregen. So wirkungsvoll waren diese landschaftlichen „Fragezeichen“, dass ich selbst in die Falle ging und CUSHNA an jeder Ecke und Wegkreuzung neue Fragen stellte.

Bin ich mit dieser Schilderung einigen Lesern wieder zu „materialistisch“? Nun, wir hatten uns bereits überzeugt, dass die menschliche Seele beim Übertritt ins Jenseits keineswegs sofort allwissend wird. Warum sollte es mit Kindern anders sein? Sie mögen unschuldig sein, aber Unschuld ist nicht dasselbe wie bewusste Güte; unentwickelte Intelligenz ist keine Heiligkeit! Auf Erden lässt man einen jungen Menschen auch mancherlei Prüfungen ablegen, bevor er seinen Platz als vollverantwortliches Mitglied seines Berufs oder seiner Gemeinschaft einnehmen kann. Sollte Gott weniger umsichtig sein? Oder sollte er die Kinder ihrem Unwissen überlassen, weil sie das Unglück hatten, als hilflose kleine Wesen zu uns zu kommen? Müssen wir nicht alle lernen, bevor wir auf unserem langen Wege zu Gott einen Schritt weiter tun dürfen? Gottes Vorsorge hilft uns dabei, und an Stätten wie dieser ist sie in einer Weise offenbar, die ausreichend zu beschreiben mir die Worte fehlen.

Und selbst hier gilt die Regel, dass niemand gegen seinen Willen zum Lernen gezwungen wird. Alles in CUSHNAS kleinem Reich ist darauf abgestimmt, die Aufmerksamkeit der Kinder zu wecken und sie von selbst zu Fragen anzuregen.

CUSHNA führte mich zu einer der vielen kleinen Gruppen, die sich während meines Besuches in den Gärten aufhielten. Etwa zwanzig Kinder saßen aufmerksam lauschend um eine Helferin, die gerade die Eigenschaften eines Grashalmes erklärte, der durch seine hübsche Form und Farbe die Wissbegierde der Kleinen erregt hatte. Im Handumdrehen fühlte ich mich selbst in ein Märchenland der Botanik versetzt. Anschaulich erklärte unsere Schwester zunächst die Eigenschaften des Halmes in ihrer Hand. Im nächsten Augenblick hielt sie, offenbar mit Hilfe eines magischen Vorganges, den ich noch nicht verstand, eine ganze Auswahl verschiedenster Gräser zwischen den Fingern und begann, ihre Unterschiede zu erklären. Der gröbste und einfachste Halm war von der Sorte, wie er auf Erden zu finden ist, die anderen entstammen verschiedenen Stufen des höheren Lebens.

Jede Frage der Kinder wurde geduldig und meist durch ein verblüffend einfaches Gleichnis beantwortet, das dem Gedächtnis spielerisch leicht zugänglich war. Und als die Fragen beantwortet waren, hörte ich die Helferin zu meiner Überraschung sagen, dass sie jetzt zur praktischen Anwendung des Erklärten kommen werde.

Es folgte ein absolut verzaubernder Vortrag über die Chemie des Grashalmes und den Prozess, durch den er die Bestandteile der Atmosphäre und des Bodens zu seinem Wachstum benutzt. Die Natur wurde als eine an Schönheit reiche, unsichtbar wirkende Kraft Gottes erklärt, dazu bestimmt, alles zum Schutz und zur Erhaltung des Menschen Erforderlichen zu liefern, bis er selber genug Vollkommenheit erlangt, die vorhandenen Kräfte auf geistigem Wege viel schneller und besser zu seinem Nutzen einzusetzen. Dies wiederum führte zu einer anschaulichen Beschreibung des Unterschiedes zwischen dem Menschen und anderen Dingen der Schöpfung, bei dem unsere Schwester geschickt auf die Beschaffenheit und verborgenen Kräfte der menschlichen Seele hinwies. Wo immer möglich, benutzte sie bildhafte Erklärungen zur Unterstützung.

Es scheint fast unglaublich, dass ein kindlicher Verstand solchem weit- und tiefreichenden Lehrstoff folgen kann. Aber Gottes Wege sind nicht die der Menschen. Das scheinbar Unmögliche wurde hier vor meinen Augen langsam aber dennoch deutlich sichtbar vollbracht.

Auf die Erläuterung folgte eine praktische Vorführung. Die Lehrerin legte den Grashalm beiseite und forderte die Kinder auf, ihre ausgestreckte Hand zu beobachten. Ich war ebenso erstaunt wie die kleinen Schüler, als auf der Handfläche alsbald langsam ein neuer Grashalm Gestalt gewann, der dem ersten aufs Genaueste glich.

Aber damit nicht genug! Jedes Kind wurde nach dem erfolgreichen Abschluss des Experiments angeregt, es der Lehrerin nachzumachen. Eines nach dem anderen rief sie zu sich, ermutigte es und beobachtete das Ergebnis dieser ersten Versuche geistiger Schöpfung. Viele schlugen völlig fehl, manche brachten genug zustande, um zu weiteren Versuchen angeregt zu werden, und eines brachte einen in der Form sehr schönen Halm hervor, wenn er auch an Farbe und Einzelheiten noch viel zu wünschen übrig ließ.

Für alle fand die Helferin lobende oder anregende Worte und versprach, dass der volle Erfolg nicht ausbleiben könne, wenn das einmal Gelernte geduldig und gewissenhaft angewendet wird. Am Ende der Unterrichtsstunde freuten sich die Kinder schon auf die Fortsetzung beim nächsten Mal.

Ich konnte mich nur schwer von dem Anblick dieser zauberhaften Szene trennen. Ich hatte einen Blick in ein Reich tun dürfen, über dessen Schwelle noch niemals der Schatten der Sünde gefallen ist.

CUSHNA führte mich weiter. Ich will nicht den Versuch machen, die ungezählten Möglichkeiten des Lernens, des kindlichen Spiels und der praktischen Übungen aufzuzählen, die dieses kleine Reich des Ägypters bot. Meine Kritiker würden mich fragen, warum ich ihnen nicht eine Einrichtung beschreibe, die die Wissenschaft der Erde noch nicht entdeckt hat.

Angenommen, ich würde das zu tun versuchen, würde ich damit etwas erreichen? Durchaus nicht. Man würde vielleicht einräumen, dass es sich um eine „interessante Theorie“ handele, würde aber ohne die geistigen Kräfte zu ihrer Verwirklichung schnell wieder in den alten Unglauben zurückfallen. Nein, auf diese Weise lässt sich die Wahrheit nicht augenscheinlich machen. Auch würde ein solcher Versuch gänzlich über den Zweck dieses Buches hinausreichen, der darin besteht, meinen Lesern auf Erden die Dinge so zu schildern, wie ich sie gesehen und erlebt habe, ohne dass ich selber immer auch gleich alle tieferen Zusammenhänge verstand. In diesem Fall kommt es mir nur darauf an, verständlich zu machen, dass der göttliche Wesenskern hier im Jenseits bei jedem Kind anerkannt wird und dass seine Erziehung, von der ich nur ein allererstes Anfangsstadium gesehen hatte, darauf aufbaut.

Als Jesus Christus das Brot brach, die Fische teilte und die Nahrung dabei vervielfachte, wendete er dieselbe Kraft an wie CUSHNAS Helferin bei der Nachschöpfung des Grashalmes. Und wenn die Helferin den Kindern Erfolg bei diesem Versuch versprach, so war auch dies gerechtfertigt durch Christi Versprechen: „Wer an mich glaubt, wird die Werke tun, die ich tue und er wird größere Werke tun als diese.“ –

Von Gruppe zu Gruppe, von Szene zu Szene führte mich CUSHNA, und überall schien die Umwelt einen fast unersättlichen Wissensdurst zu erzeugen.

„Was geschieht mit denen“, fragte ich, „die mit ererbten Charakterschwächen behaftet sind? Sie werden hier doch nicht gestraft?“

„Auf keinen Fall! Niemand wird für die Sünden eines anderen gestraft. Wenn die Seele eines Kindes von seelischen Makeln seiner Eltern angesteckt ist, dann verdient sie besondere Liebe und Sorge, nicht Strafe. Wir isolieren diese Kinder hier, um sie besser betreuen zu können und eine Ansteckung anderer Kinder zu verhindern."

„Wenn ein Kind mit seelischen Makeln zur Welt kommt, könnte das nicht auch ein Beweis für die Theorie der Seelenwanderung sein? Hat man nicht im alten Ägypten daran geglaubt?"

„Bevor ich dir antworte muss ich gegen die Auffassung protestieren, dass diese Theorie in der Religion Ägyptens einen Platz hatte oder dort entstanden sei. Einige wenige meiner Zeitgenossen mögen in gewisser Weise daran geglaubt haben, aber unsere Priester kannten nicht die Lehren, wie sie später in Indien verbreitet wurden, und unsere Rituale war frei davon."

„Dann hältst du die seelischen Fehler dieser Kinder also nicht für eine Folge früherer Erdenleben?"

„Wie könnte das sein, wenn es kein früheres Erleben für sie gegeben hat? Die Methode der Schöpfung besteht nicht darin, dass Gott eine Serie von Experimenten unternimmt, bis der Erfolg erreicht ist. ER ist vollkommen und jeder seiner ersten Schöpfungsakte bedingt Erfolg. Hast du nicht vor kurzem selber gesehen, was geschieht, wenn der Mensch diese Möglichkeit blindlings in den Wind schlägt? Hast du nicht einen Blick auf die ungezählten Möglichkeiten tun können, die uns hier zur Verfügung stehen, um stetig näher zu Gott zu gelangen und dauerte es auch die halbe Ewigkeit?" –

„Führe dir bitte vor Augen, dass der Same eines Baumes in sich die Keime von tausenden von Generationen enthält, die sich in ihm spiegeln um sich zu entfalten und seine Art zu zeugen, sowie den zu seiner Entwicklung notwendigen natürlichen Bedingungen entsprochen wird. Ein gleiches geschieht mit den Menschen. Der Seelenkeim als die Widerspiegelung einer ebenfalls langen Geschlechterfolge erklimmt die Hänge zur Menschheitsentwicklung, um den Generationen nachzufolgen, die vor ihm in das Paradies eingingen. Alles, was bereits vergangen ist, wie das, was sein wird, wurde auf diese Weise sorgfältig geplant. Bereits in dem ersten Keim, den Gott aussandte, um seinen Willen zu vollziehen: ‚Es werde das Kosmos!', verbirgt sich Seine Göttlichkeit. Indem Er es ausspricht, ist es vollbracht. Gott begeht niemals ungewisse Handlungen, noch lässt er sich jemals auf Experimente ein. Die Lehre von der irdischen Wiedergeburt findet hier keinen Platz."

„Es gibt viele Gründe dafür, warum diese Lehre noch heute so verbreitet ist. Ihre Uranfänge sind leicht genug zu erklären: Der primitive Mensch vergangener Zeitalter spürte sehr wohl, dass der menschliche Körper von einer Seele belebt sein muss, die bei der Geburt in ihn eintritt und ihn beim Tode verlässt. Was lag deshalb für ihn näher, als anzunehmen, dass das Kind bei der Geburt die ‚freigewordene' Seele eines Verstorbenen annimmt? Aus diesem Aberglauben heraus haben sich im Laufe der Zeit Philosophien und Religionen entwickelt, nicht selten unter kräftiger Mitwirkung einer Priesterklasse, die in der Theorie der Wiedergeburt eine Möglichkeit sah, ihre Gewalt über die Menschen zu festigen. Einmal zum Glaubensartikel geworden, wurde sie praktisch unausrottbar. Nein, Aphraar, solche Umwege der Seelen würden das ganze System des geistigen Reiches in ein Chaos verwandeln. Die Bestimmung der Seele ist der Fortschritt, und dieser wird gewöhnlich weit wirksamer auf einem Weg erreicht, der mit Gottes Liebe und Gerechtigkeit besser in Einklang steht."

Für CUSHNA war das Thema beendet. Ich möchte dem nur hinzufügen, dass ich mich mit dem Gedanken an eine irdische Wiedergeburt auf Erden selber befreundet hatte und deshalb hier, nach dem ‚Überschreiten der Grenze', umfangreiche Nachforschungen darüber angestellt habe. Unter den Seelen, die hier noch den Erdeinflüssen unterliegen, gibt es nicht eine geringe Zahl ernsthaft Suchender, die ein ‚Gesetz der Wiedergeburt' tatsächlich als gegeben ansehen. Unter den Seelen aber, die sich bereits vollkommen von allen Erdeinflüssen befreien konnten und die dadurch weit besser in der Lage sind, die unverhüllte Wahrheit zu erfahren, habe ich keinen einzigen finden können, der die Lehre von einer irdischen Wiedergeburt als wahr anerkennt.

Anmerkung des Herausgebers: Aus späteren Äußerungen MYHANENES geht hervor, dass sich diese Verneinung auf die Lehre von der *zwangsläufigen Rückkehr* noch nicht ausgereifter Seelen auf die Erde bezieht. Das Vorkommen von Neu-Einverleibungen in vielen Fällen wird als solches nicht bestritten. Myhanene betont jedoch ausdrücklich, dass solche Einverleibungen nicht etwa Glieder einer schicksalsmäßigen Kette des Immer-Wieder-Zurückmüssens seien, sondern aus freiem Willen erfolgen. Es sei sogar Voraussetzung, dass die Seele im Jenseits vorher einen gewissen Reifegrad erreicht hat und von dem starken Wunsch beseelt ist, auf Erden bestimmte Aufgaben zu erfüllen.

Myhanene erinnert, dass eine Reinkarnationslehre auch nicht zur Erklärung der Vorexistenz der menschlichen Seele vonnöten sei; er verweist auf den langen Entwicklungsweg, den die Seelenkeime durch die niederen Naturstufen zu nehmen haben, bis sie die Ebene des Menschen erlangen. Von dieser Stufe an, also auch im Jenseits, werde die Weiterentwicklung der Seele nur durch den freien Willen bestimmt. Möglichkeiten dazu gebe es auch auf anderen Weltenkörpern mit zahlreichen, geistig höheren Lebenssphären.

EINE WARNUNG

CUSHNA hatte seinen Rundgang mit mir beendet. Welch ein Seelenarzt war dieser Ägypter! Man hatte mir gesagt, dass ich ihn in seinem Zuhause, in der Atmosphäre dieses Zaubergartens, erst richtig kennenlernen würde. Mit Recht! Seine Sicherheit und liebende Weisheit erfüllte mich mit einem Gefühl tiefen Vertrauens, und der sanfte Schalk in seinen Augen schien alle in seinen Bann zu ziehen. Kein Wunder, dass ihn jeder hier liebte.

„Weißt du“, fragte ich, „was mir an deinem Heim am allerbesten gefällt?“

„Als Sohn des Landes der Sphinx ist es eigentlich an mir, die Rätselfragen zu stellen.“

„Lass es diesmal umgekehrt sein, und sei es nur, um dich bei deinem eigenen Spiel auf die Probe zu stellen.“

„Dein Rätsel ist nicht schwer“, lachte CUSHNA. „Du vergisst, dass ich die Antwort aus deinen Gedanken ablesen kann. Aber als guter Ägypter sollte ich diesen Vorteil nicht ausnützen und will mich deshalb geschlagen bekennen.“

„Nun gut! Die Antwort ist, dass mich an deinem Heim nichts mehr erfreut hat als die Tatsache, dass Kinder aller Rassen hier so freundschaftlich zusammenleben. Dort, wo ich selber zuhause bin, ist das anders.“

„Das hat seinen Grund darin, dass die Nationen in den ersten drei Stufen jenseits der Erde noch mit Vorbedacht getrennt sind. Erst später, wenn sie alle rassischen und religiösen Vorurteile abgelegt haben, leben sie zusammen. Die Kinder aber werden von Anfang an zusammengebracht, damit solche Gefühle gar nicht erst entstehen. Und an der Harmonie der Naturfarben erklären wir ihnen die Vielfalt der menschlichen Rasse, deren Zusammenklang das Vollkommene ergibt."

„Aber die geistigen Fähigkeiten der Kinder sind doch sicherlich sehr verschieden?"

„Gewiss sind sie das. Aber das hat weit mehr individuelle als rassische Gründe, besonders bei den Kleineren."

„Es muss außerordentlich interessant sein, ihre Entwicklung zu verfolgen."

„Du hast nur einen kleinen Ausschnitt gesehen. Nur wer ständig hier wirkt, weiß auch, wie fesselnd es wirklich ist."

„Sicher stellst du, von der Rasse abgesehen, auch starke Stammesmerkmale fest?"

„Nur bei denen, die etwas länger auf der Erde gelebt haben. Bei den anderen, die vor, während oder kurz nach ihrer Geburt zu uns kamen, können wir das Entstehen solcher Merkmale durch erzieherische Maßnahmen verhindern."

„Und welche Nation zeigt nach deinen Erfahrungen die besten Ansätze?"

Aus CUSHNAS Augen sprach ein vielsagendes Lächeln. „Ein neues Rätsel, Aphraar? Nimm an, ich würde sagen, Ägypten oder Indien, Neu Guinea oder Deutschland. Was würdest du denken?"

„Ich weiß wirklich nicht."

„Hattest du nicht gehofft, ich werde ‚England' sagen? Schau einmal in dich hinein, Aphraar. Nationale Vorurteile sitzen manchmal tiefer als man selber weiß, und es braucht auch im Jenseits einige Zeit, bis sie dahinschwinden. In diesem Heim aber ist es anders: Die Kinder kennen noch keine nationalen Unterschiede und wir haben deshalb keine Gelegenheit, Vergleiche zu ziehen."

„Du hast mich überzeugt. Sag' mir doch, wie lange bleiben die Kinder hier?"

„Das hängt von den Umständen ab. In gewissen Fällen ist, wie ich dir schon sagte, zunächst eine Absonderung notwendig, um ererbte Charakterfehler zu behandeln. Sonst aber bleiben sie, bis sie an einem bestimmten Lehrgebiet besonderes Interesse finden."

„Gehen sie dann in Schulen höherer Grade, um diesem Interesse zu folgen?"

„Nein. Die anregende Umwelt, in der sie hier gelebt haben, zusammen mit unserem Erziehungssystem, begünstigt eine rasche Entwicklung des Intellekts und des Körpers. Beides ist bei Kindern miteinander verbunden. Wenn sie uns verlassen, ist deshalb das Gesetz der Anziehung schon voll wirksam. Jedes geht an seinen eigenen Platz und erhält dort alle Hilfe und Unterweisung, die es noch brauchen mag."

„Dann ist das hier gewonnene Interesse bestimmend für den späteren Weg?"

„Immer!"

„Gilt das Gesetz, dass das Interesse an einer Sache den späteren Wirkungskreis einer Seele bestimmt, auch für uns Erwachsene?"

CUSHNA blickte mich an. „Du denkst an deinen Wunsch, zur Erde zurückzukehren? Lass mich dir sagen, dass ich deinen Auftrag, mit der Gruppe MYHANENES zusammenzuarbeiten, schon seit langem kenne."

„Aber warum hast du mir nichts davon gesagt?"

„Die Zeit war noch nicht gekommen. Zunächst musstest du darauf vorbereitet werden, und ich habe versucht, das Meinige dabei zu tun."

„Und du hast meinen Wunsch damit noch erheblich gestärkt. Ich wagte nicht, auf seine Verwirklichung zu hoffen, bis Ladas eine Andeutung in dieser Richtung machte. Darf ich wirklich an dieser Arbeit teilnehmen, CUSHNA?"

„Gewiss! Aber sorge dafür, dass du wohl gerüstet bist, bevor du damit beginnst. Das Wirken im Erdkreis erfordert mehr Verantwortung als du glauben magst."

„Ladas hat mir einen Einblick in diese Region und in das Schicksal erdgebundener Seelen gewährt, die ich nicht so leicht vergessen werde."

„All' das wird dir ohne Zweifel sehr helfen. Aber lass mich dir ernsthaft raten, auch fürderhin jede Gelegenheit zu nutzen, um dein Wissen zu vervollkommnen. Wann immer möglich, schließe dich einem von MYHANENES Helfern an, wenn er auf eine Mission jenseits der Nebelwand geht und schließe Bekanntschaft mit dem Manne, der auf der Erde unser Sprachrohr ist. Vor allem präge dir ein, niemals ohne Erlaubnis zu sprechen, und wenn sie gegeben wird, versuche nicht gleich alles zu sagen, was du weißt, sondern sei sicher, dass du alles weißt, was du sagst. Die Irrtümer auf der Erde sind schon schlimm genug. Es ist viel besser zu schweigen, als ihnen auch nur ein Jota hinzuzufügen."

„Willst du mich von meinem Vorhaben abbringen, CUSHNA?"

„Durchaus nicht. Meine Absicht ist nur, dich zu warnen und zu beschützen. Du hast gut gewählt. Wenn du deine Möglichkeiten mit Umsicht verfolgst, wird die Belohnung nicht ausbleiben.“

CUSHNAS Worte mögen meinen Lesern einen kleinen Hinweis darauf geben, mit welcher unendlichen Vorsicht verantwortungsbewusste, wissende und wirklich gereifte Seelen die Verbindung zur Erde handhaben. Welch einen bejammernswerten Gegensatz hierzu bilden einige unter den spiritistischen Zirkeln, die, allein der Befriedigung von Neugier und Sensationslust dienend, den schandbarsten Unsinn unter die Menschen bringen.

Wie das möglich ist? Jeder zieht die Schwingungen an, mit denen er selber verwandt ist. Wenn das Gefäß auf Erden nicht rein ist, wie kann es mit Reinem gefüllt werden? Eine hohe Seele wird sich niemals zu einer Salonunterhaltung hergeben. Leider gibt es nur allzuviele leichtfertige oder einfach unwissende Geister, die dann an seine Stelle treten. Das Gesetz, dass jede Seele frei ist, zu tun was sie will, solange sie sich in dem ihrer Entwicklung gemäßen Bereich bewegt, gilt uneingeschränkt auch hier.

Ganz bestimmte Vorbedingungen müssen bestehen und eingehalten werden, wenn höher entwickelte Seelen in Verbindung mit der Erde treten sollen. Jeder große Virtuose kann am besten auf seinem eigenen Instrument spielen, jeder Chirurg setzt größeres Vertrauen in seine eigenen Instrumente. Ebenso muss der Mensch, der als Instrument für die Verbindung der beiden Welten wirken soll, genau auf die Schwingungen derer abgestimmt sein, die sich seiner bedienen.

An solchen Instrumenten besteht ein großer Mangel. Edeldenkende, opferbereite Menschen werden dazu gebraucht, die das Wesen ihrer Mission verstehen und deren große Verantwortung tragen können. Nur Reinheit und Demut können hohe Kräfte aus dem geistigen Reich anziehen, und je näher der das Instrument benutzende Engelsbote dem Throne Gottes steht, desto größer ist die physische Belastung, die seine Gegenwart dem Medium auferlegt. Der Mann oder die Frau, die einem solchen hohen Ruf folgen, müssen bereit sein, ein ‚lebendiges Opfer' zum Wohlgefallen Gottes zu sein.

Solche Instrumente sind selten, aber wenn sie gefunden sind, dann wissen jene, in deren Obhut sie gelangen, sehr wohl um ihren Wert. Sie werden es niemals zulassen, dass sie unbefugt oder leichtfertig benutzt werden.

In MYHANENES Mission ist es mir erlaubt, mich unseres Sprachrohres auf der Erde zu bedienen, und ich kann meinen Lesern versichern, dass ungezählte Seelen noch darauf warten, die Schätze und Wahrheiten des Paradieses der Erde zu Füßen zu legen, wenn diese ehrlich gesucht werden und geeignete Instrumente vorhanden sind.

Man lasse mich diesen letzten Punkt noch einmal hervorheben: Radio und drahtlose Telegraphie hängen davon ab, dass Sender und Empfänger aufeinander abgestimmt sind. In genau der gleichen Weise sind Botschaften aus dem Jenseits von der geistigen Qualität ihres Empfängers abhängig. Es mag außergewöhnliche Fälle geben, in denen Gott, aus Gründen, die nur er selbst weiß, durch den Mund eines Ungeistigen spricht, wie er zu Bileam sogar durch eine Eselin sprach (4. Mose, 22-24). Aber wehe denen, die sich nach einem solchen Sonderfall zu richten versuchen! Dampfschiffe können nicht durch den Weltenraum fahren und das Mikroskop kann niemals die Arbeit eines Teleskops leisten. So muss ein Instrument der Wahrheit ständig rein sein, innerlich und äußerlich, wenn Gott es wirksam benutzen soll.

DER TOD – BRUDER DES SCHLAFES

Eine Botschaft Vaones hat mich aus CUSHNAS Heim zurückgerufen. Jene Gedankenblitze, die uns immer und überall erreichen können, sind eine nützliche, ja notwendige Einrichtung des Paradieses. Denn seine Schönheiten und lehrreichen Überraschungen fesselten mich oft so, dass ich in Gefahr geriet, gar nicht mehr in mein eigenes Heim zurückzufinden.

Vaone schloss mich liebevoll in ihre Arme. „Weißt du, warum ich dich gerufen habe?"

„Vielleicht ganz einfach, weil du ein wenig Sehnsucht nach mir hattest?"

Ihre Augen lachten Zustimmung. „Glaube das nur, ich kann dich nicht einmal schelten deswegen. Aber es gibt noch einen anderen Grund. Ich habe einen Auftrag zu erfüllen und dachte, dass du vielleicht gerne dabei sein würdest."

„Ganz gewiss! Aber worum handelt es sich?"

„Ich gehe auf die Erde, um dabei zu helfen, unseren kleinen Freund Dandy herüberzubringen. MYHANENE hat Azal mit dieser Aufgabe betraut, und ich bin sicher, dass er nichts dagegen hat, wenn du mitkommst."

„Diese Mission interessiert mich aus mehr als einem Grunde", antwortete ich. „Weiß Dandy schon davon?"

„Nein, er wird es erst von Azal erfahren."

„Ist der Junge denn hier bei uns?"

„Ja, sein Körper schläft zurzeit. Ich glaube, der Junge

wird durch einen Unfall erlöst werden, der davon abhängt, dass er die Zeit verschläft. Aber dort kommt Azal schon. Wir werden gleich Näheres erfahren."

Azal war bei uns, fast noch bevor Vaone ihren Satz beendet hatte. Er willigte sofort ein, dass ich mitkommen könne: „Es wird eine neue und interessante Erfahrung für dich sein", sagte er. „Aber wir müssen den Jungen finden, bevor es zu spät ist."

Wir brauchten nicht lange zu suchen. Dandy, einen anderen Namen hatte dieser unglückliche, elternlose Straßenjunge nicht, war bei seinem Freunde Himpy Jack, der nun schon seit einiger Zeit für immer zu uns gekommen war. Die beiden schmiedeten gerade Pläne für den vom ‚Todesengel' Arvez versprochenen Tag, an dem auch Dandy nicht mehr in die grausame Welt seines Erdenschicksals zurückkehren müsste.

„Ich wünsch' bloß, es wäre schon das letzte Mal gewesen", hörte ich den kleinen Burschen sagen, als wir uns näherten.

„Warum wünscht du das?", fragte Azal, der nun neben ihn getreten war.

„Du weißt ja nicht, was ich auszustehen habe." Neugierig und ein wenig argwöhnisch blickte der Junge unseren Freund an. Dann, mich erkennend, kam er zu mir und ergriff meine Hand.

„Wer ist der da, ich kenn' ihn nicht."

„Aber du kennst doch Arvez, der dich hier zu Himpy Jack gebracht hat? Azal ist ein Freund von Arvez."

„Und was will er?"

„Ich bin gekommen", antwortete Azal nun wieder selbst, „um dir bei dem zu helfen, was du gerade gewünscht hast."

„Dass ich nicht mehr aufwachen muss?"

„Genau das. Und Jack kann mitkommen, wenn er will."

„Aber kann ich denn nicht gleich hierbleiben?"

„Nein, wir müssen erst zur Erde. Dein Körper muss erst noch einmal aufwachen. Dann wird es nicht mehr lange dauern."

Aus der Tiefe seines Bewusstseins schien dem Jungen langsam zu dämmern, was bevorstand. Aber seine Miene zeigte keine Spur des Schreckens oder der Angst. Im Gegenteil. Er riss sich von mir los und lief auf Azal zu, ihn festhaltend, wie zum Pfand für sein Versprechen.

„Jetzt weiß ich", rief er, „du willst mich tot machen. Aber ich habe keine Angst davor. Wirst du es auch gleich tun?"

Azal strich ihm über den Kopf. „Nein, ich werde dich nicht töten. Aber wenn du das nächste Mal wieder eingeschlafen bist, werden wir die Schnur durchreißen können, die dich an deinem Körper hält. Es wird nicht weh tun."

„Aber dann werde ich tot sein?"

„Nur dein Körper."

„Das ist mir gleich. Wird jedenfalls besser sein, als zu leben. Come on, lass' uns gehen!"

Aber noch bevor wir aufbrechen konnten, hielt Dandy plötzlich wieder ein. „Augenblick mal! Ich habe noch dreißig Pfennige in der Tasche. Ich muss sie Bully Peg geben, bevor es zu spät ist. Er hat es verdammt schwer, und für die dreißig Pfennige kann er neue Streichhölzer kaufen*)."

Für einen Augenblick war keiner von uns einer Antwort fähig. Dandys Wunsch war gleich einem mächtigen Gebet, vor dessen Kraft wir schweigend die Häupter senkten. Wäre es nötig gewesen, es hätte die vom Schicksal bestimmte Todesstunde hinauszögern können.

Aber Azal wusste, dass alles gut werden würde. „Dein Wunsch wird erfüllt werden", sagte er. „Bully Peg wird das Geld bekommen."

Wäre unsere Reise zur Erde von sterblichen Augen verfolgt worden, ich glaube, sie hätte, ob ihres Zweckes und Zieles, so manche Kritik ausgelöst. Am meisten gegen alle überlieferten Vorstellungen aber hätte Dandy selbst verstoßen. Niemals habe ich einen Schuljungen freudiger bewegt in seine Ferien gehen sehen, als diesen obdachlosen Gassenjungen, bei den Gedanken, die ihn jetzt erfüllten.

Aber wir sind am Bestimmungsort. Unser kleiner Freund, vielmehr der Körper des Jungen, hatte sein Nachtlager gemeinsam mit Bully Peg in einem Lagerhaus aufgeschlagen. Dort, zwischen aufgetürmten Kisten, war es leidlich warm, und kein Polizist konnte sie entdecken.

Aber Dandy hatte „verschlafen". Der Tag war angebrochen, und die ersten Güterpacker hatten ihre Arbeit begonnen. Sie hantierten mit ihren Kisten gefährlich nahe an dem geheimen Schlaflager. Bully Peg, der längst wach war, hatte schon einen Ausflug auf die Straße unternommen. Es war nicht

---

**) Anmerkung zur Fußnote am Ende der vorherigen Seite:* Im England des 19. Jahrhunderts, also zum Zeitpunkt als dieser Bericht übermittelt wurde, war der Verkauf von Streichhölzern auf den Straßen manchmal die einzige Möglichkeit für eltern- und heimatlose Jungen, ein kümmerliches Leben zu fristen.

schwer, ihn zurückzurufen. Dandy war der Beschützer dieses Knirpses geworden, versorgte ihn mit Streichhölzern und teilte mit ihm das meist einzige Mahl, das der Tag ihnen bescherte. Zwischen den beiden bestand ein Band natürlicher Sympathie, das es uns leicht machte, Dandys Erwachen seinem Schützling telepathisch bewusst werden zu lassen.

Aber Bully Peg kam zu spät. In der Sekunde, da Dandy wieder von seinem Körper Besitz nahm und auf seinem Schlaflager die erste Bewegung sich reckenden Erwachens tat, vollzog sich das Schicksal. Eine große Kiste, von den Stemmeisen der Arbeiter bewegt, kippte und begrub den kleinen Körper unter sich.

Ein durchdringender Schrei, ein Sekundenbruchteil schneidenden Schmerzes, dann sank Dandy in das barmherzige Dunkel der Bewusstlosigkeit. Die vor Schreck fast erstarrten Arbeiter holten Hilfe herbei, befreiten den blutüberströmten kleinen Körper aus seiner Lage und trugen ihn schließlich auf einer Bahre in das benachbarte Krankenhaus.

Fünf Minuten später lag Dandy auf dem Operationstisch. Ob die guten Ärzte und Schwestern, die sich um ihn bemühten, wohl wussten, wie oft die Engel Gottes Zeugen ihrer Mühen im Dienst am Nächsten sind? Und wie oft sie unsichtbare Unterstützung von ihnen erhalten?

Vielleicht spürten sie etwas bei dieser Gelegenheit, denn sie bemühten sich um den kleinen Straßenjungen mit größter Sorgfalt. Man sah sofort, dass eines seiner Beine mehrfach gebrochen war, aber der Chirurg musste zunächst ein Belebungsmittel geben, um das Ausmaß der inneren Verletzungen festzustellen.

Mit einem schweren Seufzer kam Dandy schließlich wieder zu sich und öffnete die Augen.

„Das ist gut", sagte der Arzt beruhigend. „Wir werden uns jetzt bald besser fühlen."

Die zitternden Lippen des Jungen bewegten sich. Der Chirurg beugte sich herab, um die sich hauchend formenden Worte zu vernehmen.

„Geld? Ja, ich höre. Bully Peg soll es haben? Ist er dein Freund?"

Wieder formten sich die Lippen zu einem „Ja", aber es war nicht mehr hörbar.

„Schaut mal nach, ob er Geld in seinen Taschen hat."

Einer der assistierenden Medizinstudenten untersuchte die Kleiderfetzen, die man von dem kleinen Körper entfernt hatte. „Zwei oder drei Groschen sind da."

„In Ordnung." Der Arzt nickte Dandy zu. „Bully Peg soll sie haben."

Ein schwaches Lächeln auf Dandys Lippen zeigte, dass der Junge verstanden hatte.

Inzwischen stand fest, dass der kleine Patient schwere innere Verletzungen erlitten hatte, und der Arzt gab den Studenten zu verstehen, dass es keine Hilfe mehr geben könne. Das zerschmetterte Bein wurde in eine Stellung gebracht, die so wenig Schmerz wie möglich verursachte. Dann brachte man den Jungen in ein Bett, um das Ende zu erwarten.

Wenig später versank Dandy in einen barmherzigen Schlaf der Erschöpfung, und seine Seele kam wieder zu uns. Eine kaum fassbare Veränderung war mit ihr vorgegangen.

Dandy war nicht mehr der muntere, frohgemute Bursche, den wir zur Erde zurückgeleitet hatten. Das Sakrament des körperlichen Todes lag auf ihm. Es war die Dämmerstunde des Lebens.

Der Tag begann anzubrechen; nur noch einige Pendelschläge und für eine müde kleine Seele würde die Stunde der Befreiung schlagen.

Nirgends lässt sich die liebende Vorsorge Gottes besser beobachten als in einer solchen Stunde, da die Erde ihren Griff lockert und der Himmel die im ausebbenden Lebensstrom auftauchende Seele in seinen Armen auffängt.

Azal hielt unseren kleinen Freund fest an sich gepresst. Dandy brauchte einen Augenblick, um sich zurückzufinden.

„Was ist? Oh ja, jetzt weiß ich alles. Bin ich jetzt tot?“

„Noch nicht, mein Junge. Du schläfst, aber noch nicht tief genug, als dass wir dich befreien könnten. Gott wird bald einen seiner strahlenden Engel schicken, und er wird dich mitnehmen.“

„Muss ich noch einmal zurück?“

„Nicht für lange.“

„Wenn ich es doch nicht bräuchte! Ich kann mich dann nicht an euch erinnern, und es schmerzt so sehr!“

„Dieses letzte Mal *wirst du wissen*, dass wir bei dir sind. Wir können dir dann so helfen, dass du keinen Schmerz mehr spürst.“

„Hoffentlich ist es bald vorbei! Aber, Moment mal“, stockte Dandy mitten im Satz, „was ist mit Bully Peg? Hat er meine drei Groschen bekommen?“

„Noch nicht. Aber der Doktor hat versprochen, dass Bully Peg sie haben soll."

„Aber der Doktor kennt ihn doch nicht! Können wir Bully nicht finden und ihm das Geld geben?"

„Wir werden es versuchen." Es dauerte nicht lange, bis Azal in der Eingangshalle des Krankenhauses den kleinen Burschen erspäht hatte. Jetzt galt es, jemanden zu finden, der ihm das Geld bringen würde.

Was jetzt folgte, war für mich äußerst interessant und lehrreich. Azal fand schnell den Medizinstudenten, der bei der Untersuchung Dandys assistiert und die drei Groschen in seiner Hosentasche gefunden hatte. Er begann seinen Willen auf den jungen Mann zu konzentrieren.

Eine Weile lang schien sich kein Erfolg einzustellen, dann aber beobachtete ich, wie der Student plötzlich gegen einen Impuls anzukämpfen begann, das medizinische Heft, in dem er gerade las, beiseite zu legen und zum Hauptportal des Gebäudes zu gehen.

Es war erstaunlich zu sehen, wie dieser offenbar „sinnlose" Impuls immer stärker und schließlich völlig unwiderstehlich wurde. Zuletzt warf der junge Mann sein Heft beiseite, stand auf und ging den Korridor hinunter zur Eingangshalle, und sei es auch nur, um sich selber die Lächerlichkeit seiner fixen Idee zu beweisen.

Auf der obersten Stufe des Hallenaufgangs machte er halt und sah sich um. Er lachte in sich hinein ob seiner eigenen Torheit und war schon wieder im Begriff umzukehren, als er plötzlich den kleinen Knirps entdeckte, der sich verschüchtert zwischen eine Säule und die Mauer verkrochen hatte.

„Hallo, Bürschchen, was suchst du hier?“

Der kleine Eindringling brachte kein Wort heraus. Furchtsam blickte er abwechselnd auf den Studenten und seine eigenen Fußspitzen, die er, wenn das möglich gewesen wäre, noch weiter hinter die Säule gezogen hätte. Schließlich zog der junge Mann ihn hervor und wiederholte seine Frage.

„Ich möchte bloß wissen, wie es Dandy geht“, war die stammelnd hervorgebrachte Antwort.

„Wer ist Dandy?“

„Eine Kiste ist auf ihn gefallen, und sie haben ihn hierher gebracht.“

„Ach, ich weiß schon; ist er dein Bruder?“

„Nein, aber wir sind immer zusammen.“

„Wie heißt du denn?“

„Bully Peg.“

„Bully Peg! Ja, er hat von dir gesprochen und will, dass du sein Geld bekommst.“ Der Student zog eine kleine Silbermünze aus der Tasche. „Hier sind fünfzig Pfennig für dich.“

Ungläubig blickte der kleine Bursche auf die Münze. Er schien nicht zu begreifen. „Ist die auch echt?“

Der Praktikant lachte. „Aber natürlich! Meinst du, Dandy würde dir ein Stück Falschgeld schicken?“

„Nein, aber er hatte nicht soviel.“

„Vielleicht ist es gewachsen! Auf jeden Fall soll ich dir das Geld geben und damit gut.“

„Geht es Dandy besser?“

Der junge Mann zögerte einen Augenblick. Medizinstudenten sind gewöhnlich nicht allzu zart besaitet. Aber unser

Freund schien zu fühlen, dass er in diesem Falle sehr, sehr behutsam sein müsse.

„Es wird ihm bald besser gehen“, sagte er schließlich.

„Kann ich ihn sehen?“

„Jetzt nicht, mein Junge, komm’ am Sonntag wieder.“

„Darf ich heute Abend wissen, wie es ihm geht?“

„Na schön, wenn du herkommst, werde ich es dir sagen.“

Immer noch zögernd, aber doch einigermaßen zufrieden, trollte sich der kleine Bursche davon. Dandy, der die ganze Szene mit angesehen hatte, immer noch von seinem schlafenden Körper getrennt, war höchst beglückt über Bully Peg und seine Silbermünze.

Kaum hatten wir Bully Peg aus den Augen verloren, als MYHANENE eintraf. Sein Erscheinen war ein untrügliches Zeichen dafür, dass Dandys letzter Erschöpfungsschlaf seinem Ende zuging. Seine Stunde war gekommen.

Dandy schien es zu ahnen. „Bist du der Engel, der mich tot macht?“, fragte er MYHANENE.

„Nein mein Junge. Bald wirst du richtig leben. Aber komm’, wir müssen dich für einen Augenblick aufwecken.“

„Wird es weh tun?“

„Nein, du wirst nichts mehr spüren. Und du wirst uns die ganze Zeit sehen können.“

Dandys Körper bewegte sich schwach in seinem Bett. Zum letzten Mal zog er die Seele zu sich zurück. Die aufmerksame Krankenschwester war an der Seite des Jungen, noch bevor er die Augen öffnete.

„Geht es jetzt besser, mein lieber Junge?“

Dandy schien für einen Augenblick nicht zu begreifen,

was mit ihm geschehen war. Dann sagte er fast unhörbar: „Ich bin so müde."

„Ich weiß", antwortete die Schwester. „Willst du versuchen, wieder einzuschlafen?"

„Ja, ich will - schlafen."

Es war vorüber. Der zitternde Lebensfaden riss, und MYHANENE eilte mit der schlafenden kleinen Seele heimwärts davon.

„IN MEINES VATERS HAUS SIND VIELE WOHNUNGEN!“

Es wird den meisten meiner Leser vielleicht seltsam erscheinen, dass die Seele, die während ihrer Bindung an den Körper (also auch im Schlafe) niemals das Bewusstsein verliert, bei ihrer endgültigen Loslösung für kürzere oder längere Zeit in einen Zustand der Bewusstlosigkeit tritt. Dennoch ist das bei den allermeisten Menschen der Fall, besonders wenn der körperliche Tod durch einen Unfall verursacht wird.

Eine Maschine, die eben noch auf vollen Touren in einer bestimmten Richtung gelaufen ist, muss erst zum völligen Stillstand gebracht werden, bevor sie in der anderen Richtung laufen kann. Ähnlich ist es mit der Seele. Die Räder unseres Erdenlebens, mag es uns Erfolg oder Misserfolg gebracht haben, müssen auslaufen, bevor sie sich in die geistige, *die wahre* Richtung bewegen können. In dieser kürzeren oder längeren Periode der Ruhe fallen die gröbsten irdischen Schwingungen von uns ab und enthüllen uns als das, was wir wirklich sind. Dieser Seelenschlaf beginnt immer, bevor der Lebensfaden endgültig reißt. Er unterscheidet sich vom gewöhnlichen Tiefschlaf nur dadurch, dass die Seele nicht mehr in den Körper zurückgeht und, in den meisten Fällen, in Bewusstlosigkeit sinkt.

Der Tod ist also im wahrsten Sinne des Wortes ein Bruder des Schlafes. Ich habe hier im Jenseits viele meiner Brüder und Schwestern nach ihren Erfahrungen befragt. Die allermeisten beschrieben den Vorgang ihres Todes als ein Inden-Schlaf-Sinken, die wenigen Übrigen sprachen von einem Gefühl, als ob man in eine tiefe Ohnmacht sinke. Niemals habe ich jemanden getroffen, der vom körperlichen Tode in einer beunruhigenden Weise gesprochen hätte.

MYHANENE hatte unseren kleinen Freund Dandy zum Heim des SIAMEDES gebracht. Hier schlief er jetzt, liebevoll bewacht von Vaone und einer anderen Seele, die den Jungen auf Erden gekannt hatte.

„Komm", wandte sich MYHANENE zu mir, als wir unseren Abschied nahmen. „Unsere Mission ist beendet. Lass uns ein wenig durch die Gärten gehen. Du hast manches gelernt, seit wir uns das letzte Mal sahen. Ich möchte wissen, ob dieses Leben für Dich an Reiz und Überraschungen verloren hat?"

„Ganz im Gegenteil", antwortete ich. „Es gewinnt immer noch mehr, mit jeder neuen Erfahrung."

„So ist es immer und für jeden", bestätigte er. „Es muss so sein. Ebenso wie der in Christus geoffenbarte Gott so unendlich viel mehr war, als die Erde begreifen konnte, ist auch Gott in seinem eigenen Reich immer mehr, als seine Kinder wissen und verstehen können."

Ich wünschte, ich könnte Worte finden, um der perlenden Musik der Stimme meines Begleiters auch nur andeutungsweise Ausdruck zu geben. Ich bin kein Dichter, sondern nur ein nüchterner Berichterstatter. Vielleicht würde die brillante Ausdrucksfähigkeit und Phantasie eines Milton, Dante oder Homer manchen Schönheiten hier bessere Gerechtigkeit angedeihen lassen; mich, der ich nur von Dingen spreche, die ich selbst erlebt habe, würde sie bei meinem Vorhaben gewiss nur hindern.

MYHANENE spricht auch über die tiefsten Dinge mit einer so sprühenden, glockenreinen Leichtigkeit des Tons, dass man zunächst versucht sein könnte, einen Mangel an Ernst zu vermuten. Man würde aber einen solchen Argwohn schnell bereuen, denn bevor die Musik seiner Worte ausgeklungen ist, rühren ihre reinen Schwingungen die Tiefen unserer Seele mit einer Gewalt an, die uns überflutet und mit sich fortreißt.

„Wenn du von der Liebe Gottes und Christi sprichst", sagte ich, „regt sich in mir eine Ahnung von ihrer Süße und Fülle. Manchmal versuchte ich auf Erden, sie zu finden. Aber ich spürte niemals ihre Wirklichkeit, bis ..."

„Bis wann, mein Bruder?" Mein Begleiter legte seinen Arm um meine Schultern und zog mich zu sich heran, als wolle er mir ein Geständnis erleichtern. Aber er drängte mich nicht. MYHANENES Schweigen ist beredter als alle Worte.

„... bis ich dich traf", sagte ich schließlich und beugte meinen Kopf.

Der Druck seines Armes um meine Schultern verstärkte sich. „Wenn sich die Liebe des Herrn für dich schon in meiner unwürdigen Person widerspiegelt, wie wird dann erst die Fülle seiner Herrlichkeit auf dich wirken?"

„Ich weiß es nicht", erwiderte ich. „Ich bin nur dankbar, dass Seine Offenbarung von mir ferngehalten wird, bis ich sie ertragen kann."

„Aber du würdest diesen Tag nicht absichtlich hinauszögern, nicht wahr?"

„Nein, ich möchte ihn weder hinauszögern noch beschleunigen. Ich möchte nur meine Pflicht tun und alles andere Ihm überlassen. Sag' mir bitte, MYHANENE, ist es wirklich wahr, dass ich an deiner Mission auf der Erde mitwirken darf?"

„Aber gewiss, wenn es dein Wunsch ist. Du wirst mir ein sehr willkommener Helfer sein. Zunächst aber musst du noch mehr über die Art der Botschaft lernen, die wir zu verkünden haben. Es ist eine Botschaft der Freiheit, aber immer ist diese Freiheit durch das Gesetz verbürgt und bestimmt. Du musst es genau verstehen, bevor du zu anderen darüber sprechen kannst."

„Wo soll ich beginnen?"

„Bei der Beseitigung des Irrtums, dass das Leben im Jenseits zwei voneinander getrennte ‚Klassen' von Seelen hat: die Erretteten und die Verlorenen. An die Stelle dieses Irrglaubens wirst du die Erkenntnis zu pflanzen haben, dass jede Seele nach ihrer Ankunft im Jenseits an ihren eigenen Ort geht, den sie sich durch ihre Handlungen und Wünsche im Erdenleben selbst gestaltet hat.

„Einige dieser Zusammenhänge wurden mir ja schon an Beispielen praktisch gezeigt, die ich nie vergessen werde", sagte ich. „Aber es gibt da zumindest einen Punkt, der mir bisher ein Rätsel geblieben ist!"

„Nenne ihn, und ich werde versuchen, dir das Rätsel zu erklären."

„Wenn jeder Mensch an seinen eigenen Ort geht, und wenn wir bedenken, welche unendliche Zahl voneinander verschiedener seelischer Zustände schon allein für die Menschen ein und derselben Rasse möglich sind, wie können dann so viele Orte für die gesamte Menschheit gefunden werden?“

„Diese Frage wird auf der Erde häufig gestellt, und du musst darauf vorbereitet sein, sie zu beantworten. Die einfachste Antwort wäre, dass der Bedarf an solchen Orten, wie groß er auch sein mag, das Endliche nicht übersteigen kann. Gott, der *un*endlich ist, wird ihn also in jedem Falle befriedigen können! Leider geben sich nur die wenigsten Menschen die Mühe, auf religiösem Gebiet einen höheren Gedankenkreis zu erreichen als den, den sie, mit allen Vorurteilen, geerbt haben.“ –

„Die beste Erklärung“, fuhr MYHANENE nach einer Pause des Nachdenkens fort, „geht wohl von dem Wort Jesu an seine Jünger aus: ‚Im Hause meines Vaters sind viele Wohnungen; wenn es nicht so wäre, würde ich es euch gesagt haben. Ich gehe hin, euch eine Stätte zu bereiten!‘ (Joh. 4, 21). Hast du jemals darüber nachgedacht, was und wo diese Wohnungen sind und wie viele es von ihnen geben mag?“

Die Frage kam so überraschend, dass ich nur mit einem hilflosen „Nein“ antworten konnte.

MYHANENE lächelte. „Ich hatte es auch nicht erwartet. Fast alle Menschen bilden sich, wenn sie überhaupt über diesen Punkt nachdenken, nur eine nebelhafte Vorstellung, die in jedem Falle unendlich weit hinter der Wirklichkeit zurückbleibt. Aber lass' uns weiter forschen. Paulus sagte, dass er einmal bis zum dritten Himmel gelangt sei. Auch versicherte er den Ephesern, dass Christus ‚weit über alle Himmel aufgestiegen‘ sei. Und von Gott wird gesagt, dass ‚der Himmel aller Himmel ihn nicht umschließen kann‘.“

„Die Heilige Schrift selber berechtigt uns also, vom Himmel in der Mehrzahl zu sprechen, ebenso wie Jesus Christus von den ‚vielen Wohnungen' sprach. Nun, die Grundmauern zumindest eines Teils dieser Wohnungen oder Himmel, sind für die Erdenmenschen nicht ganz so unsichtbar, wie allgemein angenommen wird. Ich glaube, dass die Zahl der optisch erkennbaren Himmelskörper auf etwa Einhundertmillionen geschätzt wird. Ihnen muss noch eine sehr große Zahl von Sternen hinzugezählt werden, deren Licht die Erde nicht erreicht. So weit ich weiß, könntest du innerhalb dieser gewaltigen Vielzahl von Himmelskörpern jene, die wie die Erde nur dem ersten Stadium des Lebens dienen, an den Fingern deiner beiden Hände abzählen."

„MYHANENE!"

„Die übrigen sind Sammelpunkte für verschiedene Grade geistiger Entwicklung. Du hast bereits gesehen, wie eine bestimmte Gruppe von Seelen an die Erde gefesselt ist, bis deren Einfluss soweit zurück geht, dass sich diese Seelen aus dem Erdkreis abnabeln können."

„Ja."

„Eine im Prinzip ähnliche, halbmaterielle Substanz strahlt von der Masse eines jeden Himmelskörpers aus. Auf dieser Ausstrahlung baut sich dann wiederum eine stufenförmige Ordnung rein geistiger Zustände auf. Sie alle formen die majestätische Treppe, die Himmel mit Himmel verbindet, bis der äußerste Himmel erreicht ist."

„Und das Leben, das auf diesen Himmelskörpern besteht, ausgenommen die wenigen, die wie du sagst der Erde vergleichbar sind, ist immer geistiger Art?"

„Es ist tatsächlich geistiger Art. Glaube nicht, dass ich etwa in der Lage wäre, dir über jede Einzelheit Auskunft zu geben. Ich habe kaum begonnen, einen Zipfel der unendlichen Wahrheit zu erfassen. Aber soviel weiß ich: Gott wird *immer* größer sein, als wir denken, und für *jedes* Erfordernis seiner Kinder gibt es in seinem Reich Platz!“

Ich schwieg für einen Augenblick, überwältigt von der Größe der Vorstellung, die MYHANENES Worte in mir wachgerufen hatte.

„Ist daraus etwa auch zu verstehen, dass für die Bewohner der Himmel die Reise von einem Stern zum anderen möglich ist?“, fragte ich schließlich.

„Nicht nur möglich, sondern durchaus notwendig, und für alle, die eine entsprechende Entwicklung erreicht haben, ebenso leicht zu vollführen, wie auf der Erde die Fortbewegung von einem Haus zum anderen. Wenn ich von hier aus in mein Heim zurückkehre, werde ich einen solchen Kurs nehmen, aber du könntest mir nicht folgen, weil du auf diese Art der Fortbewegung noch nicht vorbereitet bist. Von einem anderen Punkt aus hast du mein Heim ja schon gesehen, nachdem ich dir die Kraft dazu lieh. Das Gesetz, dass niemand aus eigener Kraft in Regionen eindringen kann, deren Schwingungen höher sind als seine eigenen, gilt im ganzen Universum.“ *)

**) Anmerkung des Herausgebers:* Über dieses Gesetz der Durchdringung habe ich in meinem ebenfalls im Drei Eichen Verlag erschienenen Buch „Wie du ein glückliches Leben gewinnst“ in dem Abschnitt „Unsere Welt, eine Vielfalt von Schwingungszuständen“ in Einzelheiten berichtet. (Der Herausgeber: John)

„Gibt es eine solche brückenlose Leere, wenn ich sie so nennen soll, zwischen der Erde und hier?“

„Nenne sie Himmelsschranke. Ja, du überquerst eine solche, wenn du zur Erde zurückkehrst.“

„Warum habe ich sie nicht bemerkt?“

„Weil unser Flug dafür gewöhnlich zu schnell ist. Es geht in Gedankenschnelle vor sich und lässt uns deshalb keine Zeit für Beobachtungen.“

„Und besteht das ganze Universum allein für die Fortentwicklung von zehn oder zwanzig oder selbst fünfzig Welten, wie für die Erde?“

„Das Universum, wie der Mensch es begreift.“

„Worin liegt der Unterschied?“

MYHANENE presste seinen Arm noch ein wenig stärker um mich, als wolle er mich für mein Nicht-Verstehenkönnen entschädigen. „Wenn ich dich schon mit dem bisher Gesagten in Erstaunen versetzt habe, wie könnte ich dir das begreiflich machen, was ich selber noch studiere?“

„Könntest du mir nicht einen Fingerzeig geben?“

„Ich will es mit einem bildlichen Vergleich versuchen. Kannst du dir eine Orange vorstellen, die in sechzehn Teile aufgeteilt ist?“

„Gewiss.“

„Dann stell’ dir vor, dass das Sternen-Universum, wie die Erde es kennt, in einem dieser Teilchen Platz findet. Wir wollen diese Sternensammlung die ‚weiße Gruppe’ nennen. Jedes der anderen fünfzehn Teilchen enthält eine weitere: eine gelbe, blaue, grüne usw. Gruppe von ähnlichem Umfang. Aber selbst dann werden in diesem Gesamtbild noch nicht alle Sternensysteme Platz haben, die die Seelen höherer Regionen erreichen können."

Ich starrte MYHANENE in fassungslosem Staunen an.

„Wenn wir die Bedeutung all dessen erfasst haben", fuhr er fort, „sind wir erst an der Schwelle der Unendlichkeit angelangt, denn außerhalb unserer Orange bestehen noch zahlreiche andere Sternenwelten. Im Mittelpunkt all dieser gigantischen Systeme mag sich vielleicht der Thron des unfassbaren Gottes befinden."

„Aber, MYHANENE, bedenkst du, wie unerreichbar weit du Gott damit selbst stellst?"

„Das ist ein menschlicher Standpunkt, gewiss. Aber du vergisst, dass vom Standpunkt Christi aus eine einzige Seele weit größeren inneren Wert hat als die ganze Welt. Trotz seiner Unendlichkeit werden wir alle Gott finden. Der Mensch kann dieser seiner Bestimmung ebenso wenig entrinnen, wie der Allgegenwart Gottes. Innerhalb der Grenzen seines endlichen Reichs aber ist genug Raum für unseren freien Willen, für die Bestrafung der Sünden und für die Wiedergesundung von ihnen. An einem Punkt der Ewigkeit wird das letzte säumige Kind zum Vater heimgeholt sein!"

„Wir sündigen auf der Erde. Aber das ‚Säumen', kann es das auch im Jenseits geben?"

„Wo immer Fortschritt erzielbar ist, besteht auch die Möglichkeit des Säumens. Vergiss das nie! Gewiss, je höher und näher wir zu Gott gelangen, desto mehr wird auch unsere Energie erhöht werden, so dass wir weniger versucht sind, am Wege zu verweilen. Für dich aber wird es lohnend sein, wenn du die Bedingungen deines eigenen gegenwärtigen Heimes studierst. Es liegt gerade außerhalb des letzten schwachen Erdeinflusses, und jede Seele dort freut sich naturgemäß der neuen, vollkommenen Freiheit. Du wirst dort eine ausgesprochene Neigung zur Ruhe finden, einen Wunsch, nicht gestört zu werden, ein Gefühl der tiefen Zufriedenheit mit dem Erreichten. Man meint dort, einen Himmel erreicht zu haben, der nicht mehr verbessert zu werden braucht. Ich möchte dich bitten, vor diesem Gefühl auf der Hut zu sein."

Ich musste an eine Bemerkung Vaones über unser Heim denken. War sie ihm bekannt? Ich weiß es nicht. MYHANENE ist nicht so leicht zu durchschauen, wie es im ersten Augenblick den Anschein hat.

„Ich danke dir für diese Warnung", antwortete ich, „und verspreche, sie nicht zu vergessen. Aber sag' mir, wenn du schon davon sprichst, dass unser Tal gerade jenseits des Einflusses der Erde liegt, bedeutet das, dass es nur einen Schritt von der Region entfernt ist, durch die mich Ladas geführt hat?"

„Nein. Es gibt eine ganze Reihe von Stufen dazwischen. Ladas und seine Helfer wirken für die Befreiung der erdgebundenen Seelen, die durch den Wunsch, ein irdisches Vorhaben zu vollenden, ihren Leidenschaften zu frönen oder Rache zu üben, an die Erde gekettet sind. Wenn es gelungen ist, sie von der Sinnlosigkeit ihres Tuns zu überzeugen, bringt man sie an einen Ort, an dem die eigentliche Reinigung beginnt."

„Ist das nicht der katholischen Vorstellung von einem ‚Purgatorium' sehr ähnlich?"

„Auf den ersten Blick, ja. Aber mit einer sehr wichtigen Einschränkung. Ich meine den priesterlichen Anspruch, die Seele durch das Instrument der Seelenmesse befreien zu können, wobei die Messe außerdem durch eine geldliche oder andere Gegenleistung erkauft zu werden pflegt. Das ist einer der überlieferten Irrtümer, die den Menschen die Sicht auf die Wahrheit versperren. Aber eher noch schlimmer ist jener andere Anspruch, alle nicht-absolvierten Sünder der Verdammung anheimgeben zu können."

„Und welcher Art sind die anderen noch dem Erdeinfluss unterliegenden Entwicklungsstufen im Jenseits?"

„Die gesamte Region ist von der riesigen Armee von Seelen bevölkert, denen es auf der Erde an moralischer Energie und Zielstrebigkeit fehlte. Sie halfen weder, noch hinderten sie; sie existierten einfach. Als soziales, moralisches und geistiges Treibgut ohne eigenen Charakter schwammen sie gleichgültig zwischen Gut und Böse. Wie alle anderen Seelen bleiben auch sie im Jenseits dieselben wie zuvor, eine hilflose, träge Masse, deren geistige Erweckung uns vor die größten Probleme stellt."

Er fuhr fort: „Unwissenheit und fehlgeleitete Energie sind einfach zu behandelnde Fälle für den geistigen Arzt. Aber bei diesen verkümmerten Seelen müssen wir zunächst die eingetrockneten und verfallenen Empfindungsorgane wiederbeleben, bevor der geringste Fortschritt möglich ist. Es ist oft beinahe so schwer, als wollte man eine ägyptische Mumie wieder zum Leben erwecken! Wäre es möglich, dass unsere Arbeit auf irgendeinem Gebiet ganz fruchtlos sein könnte, dann wäre das hier der Fall. Nach Gottes Gesetz ist das aber nicht möglich, wenn es auch noch so langsam vorangehen mag. Auch die Gefahr, die dieser Bereich für die Erde darstellt, spornt uns immer wieder zu doppeltem Eifer an."

„Worin liegt diese Gefahr?"

„Jeder Stillstand birgt Gefahren in sich. Schon deshalb dürfte er nicht geduldet werden. Der weitaus schlimmste Gefahrenherd sind in diesem Fall aber die Kräfte gegenseitiger Anziehung zwischen der Erde und diesem Zwischenreich. Die Seelen dieser Regionen fühlen sich zu solchen auf der Erde, die ihnen verwandt sind, geradezu magnetisch hingezogen. Du wirst verstehen lernen, was ich meine, wenn du deine Mission angetreten hast. Sei auf viele Schwierigkeiten vorbereitet!"

„Könntest du mir nicht noch mehr dazu sagen?"

„Dort, wo eine Verbindung zwischen dem Jenseits und der Erde zustande kommt, erfolgt sie immer nur zwischen verwandten Geistern. Was, meinst du, muss die Folge sein, wenn die meisten Menschen dabei nicht von dem Bestreben geleitet werden, Christus nachzufolgen, sondern von der Neugier? Wenn es ihnen mehr um das Brot und die Fische zu tun ist als um die geistige Wahrheit? Ihre heuchlerischen oder gänzlich ich-bezogenen Fragen werden naturgemäß von Seelen beantwortet, die selber der Erde zugehörig sind, die sich nicht selten sogar Informationen zu verschaffen wissen, um sich einen falschen Persönlichkeitswert anzueignen. Mit deren Hilfe gelingt es ihnen dann leicht, Fragesteller zu täuschen, die nicht Gottes Wahrheit, sondern nur eine Befriedigung ihrer Eitelkeiten und Neugier suchen."

„Aber kann man eine solche Täuschung nicht verhindern?"

„Nein! Wenn Gott eine Tür öffnet, dann steht sie allen offen, ohne Ansehen der Person. Worum die Erde bittet, das wird sie auch erhalten. Wenn sie also falschen Tand erhält, dann einfach deshalb, weil sie nicht auf die rechte Weise gebeten hat. Die Region der Unwissenheit und Täuschung liegt der Erde am nächsten und kann von ihr am leichtesten erreicht werden. Nur wenige auf der Erde sind der Energie und Opfer fähig, die nötig sind, um höhere Regionen zu erreichen. Dennoch gibt es einige, und ihrer müssen wir uns im Vertrauen darauf bedienen, dass die Wahrheit schließlich über das Trugbild des Zwischenreiches obsiegen wird."

„All das", setzte er fort, „wirst du bald aus eigener Erfahrung besser verstehen. Zunächst lass' uns einen kurzen Besuch auf der Erde machen. Ich werde dich zu dem Manne führen, der dort unser ‚Sprachrohr' ist."

ICH BRECHE DAS SCHWEIGEN DES TODES

Man wird vielleicht fragen, warum jemand in MYHANENES hoher Stellung es für nötig finden sollte, mich zur Erde zu begleiten. Hätte er nicht einen seiner zahlreichen Helfer damit beauftragen können? Die Antwort darauf ist, dass es im Himmel selbst für den höchsten Engel Gottes keine Aufgabe geben kann, die zu niedrig für ihn wäre. Das kleinste Senfkorn ist es wert, gehegt zu werden. Und Christus sagte: „Der Größte unter euch soll euer Diener sein". Wie oft wird dieses Gesetz der dienenden Liebe und Demut auf der Erde vergessen!

Der Dienst, den MYHANENE zu leisten im Begriff war, galt auch weniger meiner Person als der gemeinsamen Sache. Seine Erlaubnis war nötig, bevor ich mit Hilfe des von ihm gewählten Instrumentes das Schweigen des Todes brechen konnte. MYHANENE ist nicht der Mann, leichtfertige Wagnisse einzugehen, wenn es darum geht, die ihm Anvertrauten vor Unbill zu schützen. Er und sein Kreis hatten um ihren Helfer auf der Erde eine geistige Schutzmauer gezogen, die vor Angriffen unbefugter Geisteswesen vollkommene Sicherheit bot. Etwas Ähnliches muss Satan bei Hiob vorgefunden haben: „Hast du nicht eine Hecke um ihn und sein Haus gezogen ...?"

Ich brauchte jetzt die Erlaubnis, diese Hecke zu übersteigen. Das Wort meines Begleiters würde dafür maßgebend sein.

Außerdem bot unsere gemeinsame Reise eine vorzügliche Gelegenheit, das Phänomen der ‚Himmelsschranke' durch eigenen Augenschein kennenzulernen. Auf halbem Wege stoppte MYHANENE plötzlich unseren Flug, um mir den trennenden Raum zwischen den beiden Welten bewusst werden zu lassen. Es war ein unvergesslicher Augenblick! Wir schwebten in der erschreckenden Einsamkeit des Raumes in vollkommener Stille, wie sie vor der Erschaffung der Welten geherrscht haben mochte. In weiter Entfernung zeigte ein Lichtpunkt an, woher wir gekommen waren; in entgegengesetzter Richtung, ebenso fern, unser Ziel, die Erde.

Ich schauderte. Die überwältigende Majestät des Äther-Ozeans, die furchtbare Stille, das Gefühl absoluten Alleinseins waren mehr, als ich ertragen konnte, außer der Gewissheit, dass Gott auch hier so nah wie immer war.

„Lass uns gehen", bat ich.

„Komm denn", antwortete mein Begleiter. „Wir halten auf unseren Flügen selten ein, aber ich wollte, dass du eine der unsichtbaren Schranken kennen und verstehen lernst, die zwischen den einzelnen Stufen unserer Entwicklung liegen. Es sind gleichsam die Abstände zwischen den Stufen der Jakobsleiter."

Während wir die Reise fortsetzten bat ich MYHANENE noch um eine Erklärung, warum die Rassen und Nationalitäten im Jenseits getrennt seien.

„Das ist nur eine zeitweilige Einrichtung, die für das unmittelbar an die Erde grenzende Zwischenreich gilt", gab er zur Antwort. „Neu angekommene Seelen unterliegen für eine gewisse Zeit noch den nachschwingenden Einflüssen der Erde. Ich sprach schon davon, wie leicht sich ein Gefühl der wunschlosen Zufriedenheit einstellen kann, das Untätigkeit zur Folge hat. Nationale und religiöse Vorurteile klingen noch für eine Zeitlang nach, bis sich die Seele auf ihre neue Umgebung eingestellt hat. Aus diesem Grunde ist eine Trennung der Nationalitäten im ersten Stadium des Jenseits wünschenswert. Sie vermeidet Reibungen. Aber schon in der zweiten Region bleiben nur noch sehr schwache Erdspuren übrig, und in der dritten erreichst du die wirkliche Gemeinschaft aller Rassen und Religionen, die fortan nie mehr getrennt sein werden, da sie erfahren haben, dass in jeder das Gute enthalten ist. Welcher Art das Gute ist, das wird jeder leicht entdecken."

„Wieder Liebe!", fügte ich hinzu.

„Ja, überall und stets: LIEBE!"

* * *

An unserem Bestimmungsort trafen wir CUSHNA an. Das war durchaus nicht überraschend, denn der Ägypter benutzte unser Medium häufig, um kranken Erdenmenschen zu helfen. Ich will versuchen, möglichst genau zu beschreiben, was ich sah:

CUSHNA hatte gerade begonnen den Vorgang einzuleiten, der ihn für die Dauer seiner ärztlichen Aufgabe in den Besitz des Körpers unseres Mediums *James* bringen sollte. Auf den ersten Blick hatte sein Verhalten gewisse Ähnlichkeit mit dem Andrängen erdgebundener Seelen an ihre Opfer, das ich in der Begleitung Ladas' beobachtet hatte. Es sah aus, als ob die beiden Körper ineinander verstrickt werden sollten. Sekunden später aber kam Klarheit in das Bild: Unser Medium versank in einen Tranceschlaf, der seine Seele zeitweilig vom Körper befreite, während CUSHNA zur gleichen Zeit von diesem Körper Besitz nahm. Dann begann er, ohne einen Augenblick zu verlieren, mit der Behandlung des Beines eines kleinen Mädchens, das James um Hilfe gebeten hatte.

„Dämonische Besessenheit!" werden vielleicht einige meiner zweifelnden Leser ausrufen. – Nichts dergleichen! – „Prophetische Verklärung" würde der beste Ausdruck sein, wenn wir schon nach einem biblischen Vergleich suchen wollen.

Beide Formen sind durch die Bibel bezeugt. Leider nur sind die Menschen viel schneller mit der ersten Erklärung zur Hand, wenn sie vor einem Phänomen stehen, das sie nicht begreifen. Doch dafür besteht nicht der geringste Grund. Gottes Gesetze gelten in gleicher Weise für alle. Wenn sie es zulassen, wie die Bibel bezeugt, dass Dämonen von den Körpern unglücklicher Menschen Besitz nehmen, warum sollten sie es nicht andererseits wohltätigen Engeln erlauben, sich der gleichen Mittel für gute Zwecke zu bedienen? Gibt Gott seinen Freunden weniger Freiheit als seinen Feinden?

Was bedeuten die Worte Samuels an Saul, als er ihn zum König von Israel gesalbt hatte: „Der Geist des HERRN soll über dich kommen, und du sollst prophezeien [...] und *sollst in einen anderen Menschen gewandelt werden;* und so lass es sein, wenn dir diese Zeichen gekommen sind, dass du tust nach dem Gebot der Stunde; denn Gott ist mit Dir!" (1. Samuel 10, 6-7)

Kann es Böses geben, ohne dass es dem Guten erlaubt ist, sich der gleichen Gesetze auf seine Weise zu seinem Ziele zu bedienen?

Für mich selbst gab es keine Zweifel mehr. Schritt für Schritt hatte ich erlebt, wie der trennende Abgrund zwischen den beiden Welten überbrückt werden konnte. Ich hatte gesehen, wie wirkungsvoll Gedankenbotschaften und -einflüsse von einer Seite zur anderen gelangen, wie klar die Stimme der Liebe über die größte Entfernung vernehmbar ist. Und jetzt war mir gezeigt worden, dass wir einander berühren konnten, dass der unversiegbare Lebensstrom des Paradieses zur Verfügung stand um Krankheit und Gebrechen auf der Erde zu heilen.

„Wie viel weiter werden diese Offenbarungen noch gehen?“, fragte ich mich selber im Stillen, und aus der Tiefe meines Selbst kam die Antwort: „Vertraue auf Gott, denn durch ihn sind alle Dinge möglich.“

CUSHNA hatte seine Behandlung mit sichtbarem Erfolg beendet und zog sich nun aus dem Körper des Mediums zurück, das gleich darauf sein normales Bewusstsein wiedererlangte. MYHANENE gab mir einen Wink, genau auf das zu achten, was jetzt folgen solle, denn er wollte nun selbst mit unserem irdischen Helfer sprechen. Und zwar auf eine Weise, die noch wesentlich vollkommener war.

Er stellte sich dazu in einigen Schritten Entfernung von dem Medium und nahm dann, durch einen Prozess, den ich damals nicht begriff, aber seither selber anzuwenden gelernt habe, allmählich eine festere physisch greifbare Gestalt an, in der er schließlich vorwärts trat und unseren Freund begrüßte: „Guten Tag, James. Hat CUSHNAS Arbeit dich sehr ermüdet?“ *)

„Nicht, wenn ich irgendetwas für dich tun kann, MYHANENE“, sagte unser Freund mit einem Lächeln des Willkommens.

„Ich möchte dir einen Freund vorstellen; er ist in Begriff, sich unserer Mission anzuschließen, kann aber im Augenblick noch keine für dich sichtbare Form annehmen.“

„Ich glaube, ich fühle seine Gegenwart. Aber wenn ich nicht irre, war er schon einmal hier.“

„Du hast recht, er kam einmal mit CUSHNA hierher. Heute aber kommt er als ein neues Mitglied unserer Gruppe, wenn du es erlaubst.“

„Ist das auch dein eigener Wunsch?“

„Ja, ich möchte dich um dein Einverständnis bitten, dass er durch dich sprechen darf. Bis auf weiteres allerdings nur in der Gegenwart eines anderen Mitglieds unserer Gruppe.“

„Bei welchem Namen werde ich ihn kennen?“

„Aphraar.“

„Um deiner und unserer Sache willen: Er ist mir willkommen!“

„Ich wusste es.“ MYHANENE schlug vor, er wolle unserem Freund einige Verse in die Feder diktieren, derweil ich Gelegenheit haben würde meinen Kontakt mit ihm zu verstärken.

Dann war die Reihe an mir, meinen ersten Versuch mit diesem erstaunenswertesten aller Instrumente zu machen,

---

*) *Anmerkung:* Körperliche Trancezustände sind gewöhnlich mit einer Ermüdung des Mediums verbunden, die umso größer ist, je höher die Schwingungen des Kontrollgeistes sind.

welches das vermeintlich ungebrochene ‚Schweigen des Todes' spielend zu überwinden schien. MYHANENE gab mir ein Zeichen zu sprechen.

„Kannst du mich hören?" fragte ich zaghaft. Meine eigene Stimme klang mir plötzlich hohl und unwirklich.

„Ja, klar und deutlich."

Mir fehlen die Worte, um die Wirkung zu beschreiben, die diese kurze Rede und Antwort auf mich ausübten. Als MYHANENE sprach, hatte ich den Vorgang der Verständigung mit gebannter Aufmerksamkeit verfolgt. Doch jetzt, da ich dieses geheimnisvolle geistige Telefon zum ersten Mal selber bediente, erschrak ich vor dem Klang meiner eigenen Stimme und empfand beim Hören der Antwort ein Gefühl des Gruselns, wie jemand, der plötzlich ein Gespenst erblickt.

MYHANENE beobachtete meine verblüffte Mine nicht ohne Belustigung, und auch mein Gesprächspartner schien meine Verwirrung zu bemerken, obwohl er mich nicht sehen konnte.

„Hat meine Stimme dich erschreckt?", fragte er.

„Ich weiß selber nicht, wie mir geschehen ist", antwortete ich. „Ich glaube, ich hatte noch nicht völlig begriffen, was dies alles wirklich bedeutet, bevor ich dich zu mir selber sprechen hörte."

„Das kann ich gut verstehen, besser vielleicht noch als MYHANENE. Wie vollkommen man auch das Wirken der natürlichen Gesetze verstehen mag, derer wir uns bedienen; die Explosion, die mit einem Schlage die Mauern des Todes niederreißt und den Weg freigibt, überrascht und erschüttert uns."

„Ich habe dieselbe Erfahrung gemacht“, sagte MYHANENE, „aber ich hielt es für viel besser, dich die volle Wucht dieser Offenbarung fühlen zu lassen, als dich darauf vorzubereiten.“

„Nun“, warf James ein, „du hast es überstanden. Das letzte Hindernis ist für dich beseitigt, und fortan werden wir ohne die geringsten Schwierigkeiten miteinander verkehren können. Darf ich dich jetzt noch einmal um deinen Namen bitten, damit ich ihn niederschreiben kann?“

„Aphraar“, sagte ich.

Unser Freund lächelte, dann schlug er ein Heft auf und fügte den Namen einer bereits stattlichen Liste hinzu.

„Warum lächelst du?“, wollte ich wissen.

„Weil dein Name mir deutlich anzeigt, dass du mit MYHANENE verbunden bist. Alle seine Freunde verbergen ihren wahren Namen für eine Weile hinter einem Pseudonym, aber gewöhnlich erfahre ich ihre wirklichen Namen im Laufe der Zeit.“

„Was mich betrifft“, antwortete ich, „so will ich dich in keinem Zweifel über meinen eigenen lassen, wenn du mir einen großen Wunsch erfüllen könntest.“

„Gerne! Wenn ich es kann.“

„Höre lieber erst, um was es geht, bevor du mir etwas versprichst.“

„Nur keine Angst. Wenn ich wirklich Zweifel haben sollte, würde ich die Sache MYHANENE vortragen und mich dann nach seiner Entscheidung richten. Er ist jetzt bei uns, also trage mir gleich deinen Wunsch vor.“

„Es ist etwas, das mir sehr am Herzen liegt. Ich möchte gerne meinem Vater eine Botschaft senden, um zwei durch meinen Tod verursachte Missgeschicke zu beseitigen. Er wohnt im Stadtteil Süd-Kensington."

„Möchtest du, dass ich ihn aufsuche, oder soll ich ihm schreiben?"

„Würdest du ihn aufsuchen?"

„Gewiss. Wenn du es wünscht und MYHANENE einwilligt."

„Ich habe nichts dagegen", fügte MYHANENE ein.

„Ich fürchte allerdings, dass du nicht sehr herzlich aufgenommen werden wirst", musste ich hinzusetzen. Ich kannte meinen Vater nur allzu gut.

„Das ist von geringerem Interesse für mich", meinte James, „vorausgesetzt, dass deine Botschaft ein beweiskräftiges Echtheitsmerkmal enthält. Würdest du mir Namen und Adresse deines Vaters sagen?"

Ich nannte den Namen, Stephen Winterleigh, und die Adresse. James schrieb beides sorgfältig nieder.

„Und nun deine Botschaft?"

„Sage ihm, wie sehr ich es bedauere, dass ich den Band *‚Lodges Portraits'* an meinen Freund und Zimmernachbarn Ralph Unacliff auslieh und ihm dadurch Ärgernis verursachte. Bitte erkläre meinem Vater, dass dies erst zwei Tage vor meinem, ich muss wohl ‚Tod' sagen, um verstanden zu werden, geschah, und wenn er Herrn Unacliff freundlichst aufsuchen wolle, werde er den Band unverzüglich zurückerhalten. Außerdem, und dies wird der unangenehme Teil meiner Botschaft sein, möchte ich meinen Vater wissen lassen, dass der Anspruch meines Zimmerdieners auf zwanzig Pfund völlig zu Recht besteht. Der Mann heißt Acres. Er hatte mich gebeten, das Geld für ihn zu investieren, aber mein Unfall ließ mir keine Zeit mehr dazu. Ich wäre meinem Vater dankbar, wenn er das Geld zurückzahlen wollte."

„Ist das alles?"

„Ja. Ich wäre mehr als zufrieden, wenn diese beiden Dinge veranlasst werden könnten."

„Ich werde deinen Vater morgen aufsuchen und will mein Bestes tun."

Dieses erste Gespräch mit James liegt jetzt schon viele Jahre zurück. Aber ich erinnere mich noch heute an jede Einzelheit, an das bange und zugleich freudige Gefühl der Erwartung, das diese meine erste Botschaft über die Schranke des Todes hinweg in mir auslöste. Heute weiß ich, wie leicht es ist, diese Brücke zu schlagen, sobald einmal die Leitungen dieses ‚geistigen Telefons' gelegt sind und sorgfältig vor Schaden bewahrt werden.

WENN DAS VERTRAUEN FEHLT

Die materialistische Lebensauffassung meines Vaters hätte mir von vornherein wenig Hoffnung lassen dürfen, dass er etwas anerkennen würde, das für Leute wie ihn in den Bereich des Aberglaubens gehörte. Dennoch hielt ich es für möglich, dass meine Botschaft vielleicht in seinem Gedächtnis einen Funken der Erinnerung an unsere Schlafbegegnung wachrufen und auf diesem Wege zum Erfolg führen könnte.

Nichts dergleichen! Ich hatte damals noch nicht gelernt, um wie viel mehr die Seele schon allein im Zustand der nächtlichen Trennung vom Körper auf das eigene Gewissen hört, als innerhalb des Mantels von Fleisch und Blut. Deshalb beging ich den grundlegenden Irrtum, aus der Begegnung mit meinem Vater im Grenzbereich optimistische Schlüsse zu ziehen. Wenn die Menschen nur wüssten, wie sehr die Maske des Fleisches ihr wahres Ich sogar vor ihnen selbst verbirgt! „Erkenne dich selbst" ist nicht nur die Mahnung des Philosophen, es ist auch ein Ausdruck des Mitleids mit einer blinden Menschheit.

In meiner eitlen Hoffnung auf Erfolg hatte ich es unterlassen, dieses entscheidende Hindernis gebührend zu berücksichtigen. MYHANENE erkannte das, wie ich später feststellte, aber er griff nicht ein, weil er wünschte, dass ich die Bleigewichte des in der Materie gefangenen Wachbewusstseins aus eigener Anschauung kennen lernte.

Mein Mentor hatte mir erlaubt, den Besuch James' bei meinem Vater am anderen Tage beizuwohnen. Eusemos sollte mich dabei begleiten. Erneut zeigte sich dabei, wie mühelos sich der Kontakt zwischen uns und unserem Helfer auf der Erde zu allen Zeiten aufrecht erhalten ließ. James sandte uns eine Gedankenbotschaft, als er zum Hause meines Vaters aufbrach. Und als er von diesem empfangen wurde, waren wir bereits als unsichtbare Beobachter zugegen.

Mein Vater benahm sich, wie er dies gewöhnlich im Umgang mit Menschen zu tun pflegte, die er als unter seiner eigenen Gesellschaftsklasse stehend ansah.

„Sie wünschen mich zu sprechen?"

„Ja, aber der Grund meines Kommens erfordert eine gewisse Erläuterung."

„Bitte fassen Sie sich kurz. Ich bin sehr beschäftigt und habe wenig Zeit zu verschwenden."

„Auch ich nicht! Aber angesichts der Nachricht, die ich ..."

„Erlauben Sie, von wem bringen Sie eine Nachricht?"

„Von Ihrem Sohn, Herrn Frederic Winterleigh."

Mein Vater wendete sich abrupt, um die Tür zu öffnen. „Dann ist die Nachricht falsch! Mein Sohn ist tot, und damit ist wohl nichts mehr zu sagen."

„Wie Sie wünschen", erwiderte James, „aber ich glaube, dass Ihr Sohn, ob er nun tot ist oder nicht, es gerne sehen würde, wenn Sie Ihren Band *Lodges Portraits* wieder erhielten."

„Was wissen Sie von dem Buch? Ich warne Sie! – Wenn Sie es in Ihrem Besitz haben, schaffen Sie es unverzüglich her, ohne mich mit irgendwelchem spiritistischen Unsinn zu erpressen, oder Sie sollen Ihren Versuch sehr bereuen!"

Die ungerechte Verdächtigung trieb den Überbringer der Botschaft die Zornesröte auf die Stirn.

„Wenn Sie glauben, dass ich irgendwelche finanziellen Motive für diesen Besuch habe, begehen Sie einen großen Fehler. Ich würde Ihr Geld verachten, selbst wenn Sie es mir anböten!

„Aber warum sagen Sie mir dann nicht, wo das Buch ist?"

„Weil Sie mir bisher keine Gelegenheit gaben."

„Dann haben Sie diese Gelegenheit jetzt."

„Ich habe zwei Botschaften von Herrn Frederic ..."

„Ich sagte Ihnen schon, mein Sohn ist tot!"

„Habe ich das bestritten? Wenn Sie erlauben, Mr. Winterleigh, dieses Gespräch ist mir ebenso unangenehm wie Ihnen. Lassen Sie mich deshalb bitte sagen, was ich Ihnen zu übermitteln habe und dann gehen. Es wird dann Ihre Sache sein, was Sie mit den erhaltenen Informationen tun werden. Ich bin gebeten worden, zu sagen, dass der Anspruch des Zimmerdieners Acres auf zwanzig Pfund zu Recht besteht ..."

„Ach, deshalb sind Sie gekommen! Sie sind ein Komplize von ihm, nicht wahr?"

„Nein, ich weiß nichts von ihm und habe ihn nie gesehen."

„Woher wissen Sie dann von seinem Anspruch?"

„Unter den Umständen muss ich es ablehnen, darauf einzugehen. Aber wollen Sie mir gütig erlauben, zu Ende zu sprechen und mich dann zurückzuziehen? Meine Zeit ist ebenso wertvoll wie die Ihre."

„Was wollen Sie sagen?"

„Dass Ihr Sohn, zwei Tage vor seinem Unfall, die zwanzig Pfund von Acres erhielt, um das Geld anzulegen. Er hatte jedoch keine Gelegenheit mehr dazu und bittet Sie, das Geld aus seiner Hinterlassenschaft zurückzuzahlen."

„Ich werde Nachforschungen darüber anstellen. Aber was war mit dem Buch?"

„Am gleichen Tage lieh Ihr Sohn den fehlenden Band an seinen Freund und Zimmernachbarn, Mr. Ralph Unacliff."

Die ruhige und zurückhaltende Weise, in der James dies aussprach, war zuviel für die Überlegenheitspose meines Vaters. Er änderte seinen Ton, sichtlich beeindruckt.

„Sind Sie sich im Klaren, was es bedeutet, wenn sich das eben von Ihnen gesagte als wahr erweist?", fragte er.

„Sehr wohl, und es ist wahr. Aber ich bin zu sehr vertraut mit solchen Nachrichten-Übermittlungen, um Ihr Erstaunen zu teilen."

„Sie müssen sich genauer erklären. Wollen Sie nicht Platz nehmen?"

„Nein, vielen Dank. Ich habe meinen Auftrag ausgerichtet, und wir haben beide nicht viel Zeit."

„Aber wenn Ihre Nachricht zutrifft, dann ist das das Erstaunlichste, was ich je gehört habe. Wollen Sie mir nicht eine Erklärung dazu geben?"

„Das wäre nutzlos, solange Sie sich nicht von der Wahrheit dieser Botschaft überzeugt haben. Wenn Sie dies tun wollen und auf das Ergebnis die notwendigen Schritte ergreifen, bin ich gerne bereit, Ihnen mit Erklärungen behilflich zu sein. Hier ist meine Karte, falls Sie mein Angebot annehmen wollen."

„Ich könnte aber doch Mr. Unacliff anrufen und das Ganze sofort unter Beweis stellen!"

An dieser Stelle bat ich Eusemos, mit James zu sprechen und vorzuschlagen, dass er auf die Bitte meines Vaters eingehe. Aber Eusemos lehnte ab.

„Warum nicht?“, wollte ich wissen. „Soll denn das Vorurteil meines Vaters nicht beseitigt werden?“

„Genau darauf arbeite ich sorgfältig hin“, antwortete mein Begleiter. „James handelt nicht ganz allein in dieser Angelegenheit, sondern gibt den Gedanken Ausdruck, die ich ihm zusende. Wenn es deinem Vater mit seinem Wunsch ernst ist, so soll er das Angebot James' annehmen und ihn aufsuchen. Aber das wird er nicht tun.“

„Bist du sicher?“

„Seine Haltung ist von plötzlich erweckter Neugierde bestimmt. Die beiden werden sich nie wiedersehen, denn das würde deinen Vater zwanzig Pfund kosten. Und die werden ihm mehr wert sein, als die Wahrheit, sobald sein erstes Erstaunen abgeklungen ist. Es könnte ja auch sein, dass mehr Wissen erneute Verpflichtungen für ihn bringen würde und dein Vater ist nicht der Mann, ein solches Risiko einzugehen.“

Ich musste zugeben, dass Eusemos meinen Vater richtig beurteilte. Darum schwieg ich. Kurz darauf nahm James seinen Abschied.

Mein Vater hätte seinen Wunsch, mehr über die offenkundig jenseitigen Informationsquellen seines Besuchers zu erfahren, leicht verwirklichen können, vorausgesetzt, dass dieser Wunsch aufrichtig genug war. Er besaß James' Visitenkarte. Ob er von ihr Gebrauch machen und ihn aufsuchen würde, nachdem er sich von der Richtigkeit der Botschaft überzeugt hatte, sollte die Probe für seine Aufrichtigkeit sein.

Das ist ein Teil des Gesetzes, unter dem wir arbeiten. Es beruht auf Gegenseitigkeit. Wir liefern zuerst einen Beweis, dann stellen wir selbst eine Forderung. Wir kommen nicht zur Erde, wie so viele zu denken scheinen, wie Angeklagte vor ein Tribunal, darauf bedacht, um jeden Preis gehört zu werden! Vielmehr bieten wir unsere Hilfe an, dort wo sie notwendig ist und erwidern das Vertrauen mit Vertrauen, bis die Bekanntschaft so gefestigt ist, dass ein enges Band der Freundschaft daraus entstehen kann.

Mein Vater ging auf dieses Angebot nicht ein. Er brachte das Buch wieder in seinen Besitz, aber beglich nicht die Schuld an meinem Zimmerdiener. Er ist jetzt hier bei uns und kennt die Wahrheit. Und würde ich ihn besuchen und die Frage stellen, er würde alles Gold der Erde, wenn er es besäße, für die Gelegenheit geben, die er damals so leichtfertig von sich wies.

Es ist bei alledem zweifelhaft, ob sein moralisches Niveau unter dem Durchschnitt war. Im Lichte der Erkenntnis scheint es fast unglaublich, dass Menschen mit gesundem Geschäftssinn, sich, wenn es um ihre geistigen Interessen geht, von falschen religiösen Begriffen so vollkommen blenden lassen können. Kein Geschäftsmann würde sich als zahlungsfähig betrachten, wenn er weiß, dass sein Scheck von der Bank nicht honoriert wird. Und dennoch gehen dieselben Leute unbekümmert ihrem geistigen Bankrott entgegen, blind darauf vertrauend, dass sie in der Stunde der Not hohe Schecks auf eine Bank ziehen können, bei der ihre

Namen unbekannt sind und dass jede geistige Schuld in der Todesstunde durch ein Gebet abgetragen werden kann.

Ich wünschte, ich könnte mich auf den Kamm eines Hügels aufstellen, den alle Menschen passieren müssen und Ihnen zurufen: „Habt Acht, der Weg ist gefährlich!“ Wer einmal auf den Abhang gerät, wird sich vor dem unvermeidlichen Absturz nicht retten können. Das Versprechen, das der sterbende Sünder auf dem Totenbett erhält, ist nichts mehr als eine Zusage, dass man ihn bei der Ankunft im Jenseits hören und gerecht behandeln werde. Er hat damit noch keine Vergebung erreicht. Wie wäre das auch angesichts eines Gesetzes möglich, das da unerbittlich lautet: „Was immer ein Mensch säet, das wird er auch ernten!“

Gottes Gnade hat die Tore des Paradieses geöffnet, und Jesus Christus hat in seiner Liebe den Stein vor dem Eingang des Grabes fortgerollt, auf dass die Stimmen der Vorausgegangenen auf Erden gehört werden können, zeugend von dem, was sie selber erfahren haben. Aber Irrtum, Unwissenheit und dogmatischer Dünkel blenden die Augen der Menschen und verstopften ihre Ohren, bis sie eines Tages in der Wahrheit aufwachen und den Preis zahlen müssen – bis zum letzten Heller und mit Zins und Zinseszins.

DANDYS ERWACHEN

Der Wert genauer Unterweisung in allen geistigen Dingen ist mir hier so stark bewusst geworden, dass ich versucht bin, jede Einzelheit in meinem Bericht zu schildern. Aber meine Schwierigkeit liegt genau darin, dass in jedem kleinen Geschehnis beinahe unendliche Möglichkeiten verborgen sind. Die Keimkraft eines jeden Weizenkorns ist unschätzbar. Das eine unterscheidet sich von anderen in seinem Wachstum nur durch den Boden, aus dem es Nahrung zieht und durch die Kraft, diese Nahrung nutzbringend zu verwerten.

Es gibt keine ‚großen' und ‚kleinen' Wahrheiten; oder vielleicht sollte ich besser sagen, alle sind groß und keine ist klein. In jeder einzelnen liegt tiefste Bedeutung. Meine Pflicht ist es, zu säen und das Wachstum der Zukunft und Gott zu überlassen. Ich wünschte nur, ich könnte meine Gedanken mit einer Feder flüssigen Feuers niederschreiben, auf dass sie sich tief in das Leben all derer einbrennen, zu denen ich spreche.

Zur Erläuterung der Tatsache, dass es nur die Umgebung ist, nicht aber die Seele selbst, die sich beim Tode verändert, möchte ich meine Leser am Erwachen unseres kleinen Freundes Dandy teilnehmen lassen. Da es der erste Fall war, den ich von ‚beiden Seiten' aus verfolgt hatte, war ich besonders interessiert, festzustellen, an wie viel sich der kleine Bursche erinnern und was er vergessen haben würde, bevor er den Punkt der Erinnerung berührt, der den letzten Schleier von unserem Gedächtnis reißt.

Vaone hatte mich von dem bevorstehenden Erwachen benachrichtigt. Als ich eintraf, war gerade auch MYHANENE mit einer Schar von Helfern gekommen. Der jugendliche Meister war diesmal jedoch nicht in das unscheinbare Gewand gekleidet, in dem ich ihn zuletzt auf Erden gesehen hatte, sondern in das glänzende Festgewand, das er als Erwecker der Schlafenden während des ‚magnetischen Chorals' *) trug. Auch Eilele (die Dichterin, deren Bekanntschaft wir schon machten) und Himpy Jack, der in ihre Obhut gegebene Freund Dandys, waren zugegen.

Dandy schlief noch friedlich. Aber welch eine erstaunliche Veränderung hatte sich an ihm vollzogen! Seine eingefallenen, hohlen Wangen waren verschwunden; an ihrer Stelle sah ich das blühende Gesicht eines gesunden Knaben, um dessen Lippen der Anflug eines Lächelns oder Vibrierens spielte, als dränge die ungestüme Lebhaftigkeit seines Wesens danach, sich in der neuen Umgebung geltend zu machen. Auf Erden hatte die Natur ihm einen unverwüstlichen Humor mitgegeben, als wolle sie einen Ausgleich für seine Entbehrungen und Leiden schaffen. Schlafend schien er bereits jetzt zu ahnen, dass die Schatten verflogen waren und der Sonnenschein ungetrübter Freude auf ihn wartete.

Ich blickte hinüber zu Jack, der schon ungeduldig darauf wartete, dass sein Freund die Augen öffnete. Unter der hingebungsvollen Betreuung durch Eilele hatte der kleine Bursche sich sichtlich gewandelt: Aus einem groben Block war

---

*) siehe: *„Reise in die Unsterblichkeit"*, Band I, *„Das Leben jenseits der Nebelwand"*.

eine kleine Persönlichkeit entstanden, die schon unverkennbare Spuren des Engels zeigte, der sich aus ihr entwickeln sollte. Lassen wir uns nie durch den äußeren Anschein des Erdenkleides täuschen! Der Edelstein, den es verhüllen mag, wird sich geistigen Augen in umso strahlenderem Licht offenbaren.

MYHANENE nahm Jack jetzt bei der Hand und führte ihn an die Seite der Liegstatt, der das Antlitz des Schlafenden zugewandt war. Dann beugte er sich nieder und drückte einen leichten Kuss auf die Lippen Dandys.

Der kleine Körper streckte sich, die Lippen bewegend, dann die Augen öffnend, um sich gleich darauf mit einem Ruck aufzurichten.

„Wo bin ich? Hallo, Jack! Was ist denn los? Wo habt ihr mich hingebracht?"

„Du bist jetzt zu Hause", sagte MYHANENE.

„Ja, Dandy", rief Jack, der jetzt nicht mehr länger an sich halten konnte, „du bist jetzt tot und wirst immer bei mir bleiben."

„Tot? Mach keinen Unsinn! Sehe ich denn wie ein Toter aus?"

Erstaunt blickte Dandy auf die vielen, die ihn umstanden. „Was ist denn mit dem Krankenhaus?"

„Erinnerst du dich nicht an mich?", fragte MYHANENE.

Unsicher schaute der Junge ihn für einen Augenblick an. „Ja, warst du nicht der Doktor?"

„Nein, denk' einmal nach."

„Oh ja, jetzt weiß ich! Du sagtest, du würdest mich nicht verlassen."

„Richtig. Dann schliefst du ein, und ich brachte dich hierher.“

„Ist dann das hier ein anderes Krankenhaus?“

„Ja, eines von Gottes Krankenhäusern, wo jeder gesund wird.“

„Ich fühl’ mich auch viel besser. Aber Jack, hör mal, ich bin doch nicht richtig tot?“

„Na, du weißt doch, dass ich tot bin, nicht?“

„Ja, du bist tot. Aber ich doch nicht! Habe mich wohl gesund geschlafen.“

„Wenn du nicht tot bist, wie kannst du mich dann sehen? Denkst du, du schläfst?“

„Nein! Schlafen tu’ ich nicht. Jemand hat mich gerade aufgeweckt.“ Dann, wie um Hilfe suchend, wandte er sich an MYHANENE. „Sag’ du es, du weißt es doch. Was ist los mit mir?“

„Ich will dir alles sagen, mein Junge. Erinnerst du dich, wie du mich fragtest, ob ich der Engel sei, der dich töten wolle?“

„Ja, ich glaube.“

„Und erinnerst du dich an Bully Peg?“

„Ja, hat er das Geld gekriegt?“

MYHANENE brauchte nicht zu antworten. Der Name seines Schützlings ermöglichte es Dandy, den ersten Punkt der Erinnerung zu berühren.

„Oh ja, jetzt weiß ich. Er bekam fünfzig Pfennig von dem Doktor, nicht? Und dann sagtest du mir, ich müsste noch einmal zurück, aber es würde nicht mehr weh tun, und die Schwester sagte, ich sollte wieder einschlafen, ja?“

„Richtig.“

„Aber wo bin ich denn jetzt? Muss ich noch einmal zurück?“

„Nein, jetzt ist alles überstanden.“

„Aber ich bin noch nicht tot.“

„Nun, die Schwester und die Ärzte sagen, du bist tot.“

„Aber das stimmt doch nicht?“

„Natürlich stimmt es“, rief Jack. „Du hast alles hinter dir.“

„Wirklich?“ Immer noch zweifelnd richteten sich die Augen des Jungen auf MYHANENE.

„Wirklich, mein Junge. Du kannst deinem Freunde Jack ruhig glauben. Mehr als dies hier wirst du nie vom Tode wissen.“

„Aber ich weiß auch nichts davon. Und es hat überhaupt nicht wehgetan.“

„Das hatte ich dir ja auch versprochen.“

„Und ich kann jetzt aufstehen?“

„Ja, du sollst jetzt in dein neues Heim gehen, und Jack wird für eine Weile bei dir bleiben.“

„Jack, wenn du in die Schule*) gehst, dann nimmst du mich doch mit?

„Ja, ich nehme dich überallhin mit, wo ich kann.“

„Wir müssen aber auch Bully Peg treffen, damit ich weiß, wie es ihm geht.“

Als alle Fragen beantwortet waren, nahm MYHANENE den Jungen bei der Hand und führte ihn auf die Terrasse, wo noch eine Schar anderer Freunde auf ihn wartete. Ich

---

*) Wo sich im Schlafzustand die Kinder versammeln; siehe Band 1 und in einigen Abschnitten dieses Bandes.

glaube, ihr freudiger Willkommensgruß kam Dandy kaum zum Bewusstsein vor all der überwältigen Schönheit, die hier draußen auf ihn einstürzten. Und vollends sprachlos vor Staunen wurde unser Neuankömmling, als MYHANENE und seine Begleiter sich verabschiedeten und ihren Rückflug durch die Lüfte antraten.

Es wäre interessant, würde der Raum es gestatten, den beiden Jungen in ihr Heim zu folgen und zu sehen, wie der Ältere, von Eilele so liebevoll vorbereitet, seinen Freund in die ersten Dinge seines neuen Lebens einführt. Jack jedenfalls wusste schon genug, um für den Beginn wertvolle Dienste zu leisten, und Dandy würde ihn weit eher bedingungslosen Glauben schenken als irgendeinem Fremden.

So erlaubt es das göttliche Gesetz auch den Geringsten und Schwächsten von uns, ihren Teil zu unserer gemeinsamen Mission an unseren Mitmenschen beizutragen. Mit der Hilfe seines Freundes würde Dandy langsam vorangeführt werden, bis er in der Lage ist, den Punkt der vollkommenen Erinnerung an sein Schlafleben zu berühren und so Vergangenheit und Gegenwart miteinander zu verknüpfen.

Ich habe Dandys Fall deshalb so ausführlich beschrieben, weil seine Ungläubigkeit beim Erwachen im Himmel nur der äußeren Form nach kindlich war, sonst aber durchaus der Haltung entsprach, die zahlreiche, zum Teil hochgebildete Erwachsene in der gleichen Lage zeigen. Ich habe sogar Fälle erlebt, in denen solche Erwachsene, nachdem sie einmal begriffen hatten, was geschehen war, darüber Klage führten, dass sie nicht in einer ihrem irdischen Rang „angemessenen" Form empfangen würden!

VIELE SIND GERUFEN ...

Und Bully Peg? Wir werden nochmals einen kurzen Blick auf die Erde werfen müssen, um zu sehen, wie Gott auch für diese verlassene kleine Seele sorgte. Und das kam so:

Erst kurze Zeit war seit der Heimholung Dandys vergangen, als ich ihn und Jack in der Nähe der ‚Schule der Schlafenden' traf. Die beiden steuerten sofort auf mich zu.

„Dandy sagt, es wäre besser, er wäre nicht hier", platzte Jack heraus.

„So habe ich das nicht gesagt", rief der andere. „Ich habe gesagt, es war nicht richtig, mich wegzuholen und Bully Peg zurückzulassen, ohne dass jemand nach ihm guckt."

Ich versuchte zu trösten: „Aber weiß denn Gott nicht immer, was das Beste ist, Dandy?"

„Ich weiß nicht, was Gott weiß oder nicht. Aber wenn ich Gott wäre, dann hätte ich die Kiste auf den Kleinen fallen lassen und nicht auf mich, wo ich doch besser für mich selber sorgen konnte."

„Aber Gott wird sich bestimmt um Bully Peg kümmern! Pass nur auf, es wird ihm schon gut gehen."

„Da irrst du dich ja eben", rief Dandy nun fast herausfordernd. „Es geht ihm ja so schlecht wie es überhaupt nur möglich ist."

„Nun erfuhr ich, dass die beiden Bully in der ‚Schule der Schlafenden' getroffen und von ihm erfahren hatten, dass er seit Dandys Tot vom Pech verfolgt gewesen war. Der Junge hatte eine schwache Gesundheit und hatte den ganzen vergangenen Tag nichts zu essen gehabt. Dandy war außer sich. War es nicht ungerecht von Gott, ihn fortzunehmen und seinen Freund schutzlos zurückzulassen? Wäre er noch auf der Erde gewesen, er hätte schon irgendwie für Bully gesorgt.

Dandys Zorneseifer war rührend und erschütternd. Er weigerte sich, von der Verantwortung für seinen Freund nur deshalb entbunden zu sein, weil er von der Erde abberufen war. Aber wie war ihm zu helfen? Ich war ratlos, doch dann erinnerte ich mich dessen, was MYHANENE mir gesagt hatte: Tu' immer alles, was in deiner Kraft steht, doch was über deine Kraft hinausgeht, überlasse Gott. Dandy wäre bereit gewesen, den eben erreichten Himmel wieder aufzugeben, hätte er Bully damit zu einer Mahlzeit verhelfen können. Mit Worten des Trostes würde er niemals zufrieden sein.

Ich wusste, dass ich machtlos war, und in meiner Verwirrung sandte ich einen Gedanken an MYHANENE um Hilfe. Kurz darauf stand er neben uns.

Dandy sprach ihn an, bevor er noch Gelegenheit hatte, sich nach dem Zweck des Rufes zu erkundigen. „Hallo! Du hast mich doch tot gemacht, nicht?"

MYHANENE lächelte und streichelte den Burschen.

„Aber nicht doch. Tote Jungen sprechen doch nicht so aufgeregt?"

„Na, jedenfalls hast du mich von Bully weggenommen. Und weißt du auch, dass es ihm ganz furchtbar schlecht geht und er gestern den ganzen Tag nichts zu essen gehabt hat?"

„Armer Kerl. Woher wisst ihr es?"

„Wir kommen gerade von der ‚Schule' und Bully hat es uns selbst erzählt", fiel Jack ein.

„Ja", rief nun wieder Dandy, „kannst du nicht gleich zur Erde fliegen und ihm etwas zu essen bringen?"

MYHANENE setzte sich nieder und zog den Jungen zu sich. „Gott wird ihm etwas zu essen geben, und wenn Bully es bekommt, wirst du sehen, um wieviel besser alles ist, als wenn es nach deiner Vorstellung gegangen wäre. Gott weiß immer mehr als wir, und was er tut, ist immer zum Besten."

„Aber es ist doch nicht das Beste für Bully, wenn er hungert?"

„Vielleicht doch, für eine kleine Weile. Wir werden gemeinsam zur Erde gehen und deinen Freund aufsuchen, sobald ich erfahre, wie Gott ihm helfen will."

MYHANENE hatte den heiligen Ernst des Jungen sofort erkannt. Und Gott lässt niemals lange auf sich warten, wenn ein Hilferuf von solcher Stärke an ihn geht. Die innere Stimme, der MYHANENE zu lauschen gewohnt war, gab ihm den erbetenen Auftrag schon wenige Augenblicke später.

Wir brachen zur Erde auf.

Unser kleiner Freund stand barfüßig und zerlumpt an einer Autobushaltestelle im Herzen der Londoner City, nahe der Börse und der Bank von England. Seine Hände umklammerten krampfhaft die beiden Streichholzschachteln, für die er in dieser betriebsamen Umgebung am ehesten Käufer zu finden hoffte. Es kostete uns einige Mühe, Dandy daran zu hindern, auf seinen Schützling zuzustürzen. Er konnte es kaum begreifen, dass Bully ihn hätte weder sehen noch hören können.

Wie wenig ahnen die Menschen, dass ständig unsichtbare Helfer um sie sind, die versuchen, sie zu beschützen oder an Fehlern zu hindern! Was wäre wohl geschehen, wenn den vorüberhastenden Geschäftsleuten der Londoner City an diesem Tag für eine Stunde die Augen geöffnet worden wären und sie gesehen hätten, dass das ärmste und unscheinbarste Wesen unter ihnen von den Sendboten Gottes umgeben war? In Gottes Waagschale wog in diesem Augenblick das Wohlergehen eines verlassenen, ausgehungerten Kindes tausendmal mehr als das gesamte Geschäftsinteresse des Handelszentrums der Welt.

MYHANENE erklärte, dass wir jetzt noch auf die Hilfe anderer zu warten hätten. Als er selbst seinen Auftrag erhielt mit uns hierher zu eilen, ging zugleich an andere Helfer das Geheiß, in die City zu kommen. Bei solchen Missionen wird meist auf mehrere Menschen zugleich ein Einfluss ausgeübt. Sobald der erste Impuls an einer Stelle zum Erfolg geführt hat, wird dies jedoch der ganzen Gruppe von Helfern unverzüglich bekannt, und sie lassen dann von ihren einzelnen Aufgaben ab, um sich ganz auf den einen Menschen zu konzentrieren, der nun zum irdischen Träger der Mission geworden ist.

„Was die Menschen als Vorahnung bezeichnen“, sagte MYHANENE, „ist oft das Ergebnis solcher geistiger Beeinflussung. Jene, die stets bereit sind, dem Ruf des HERRN zu folgen, muss ein solcher Auftrag auch erreichen. Andere allerdings posaunen ihre Hilfsbereitschaft so laut heraus, dass sie niemals die leise Stimme in sich selbst hören können. Ihre Leben werden mit wertlosen Bekenntnissen vertan. Gott kennt viele Wege, die Echtheit des Glaubens auf die Probe zu stellen. Diese Bedeutung liegt hinter dem Wort: ‚Viele sind gerufen, aber wenige sind auserwählt'."

„Sind solche Vorahnungen nicht aber oft sehr unklar und deshalb unzuverlässig?", fragte ich.

„Das hängt ganz davon ab, wie echt das Bekenntnis eines Menschen zu Christus ist. Wer in wirklich ungebrochener Gemeinschaft mit Gott lebt, braucht nicht zu fürchten, dass er die innere Stimme falsch versteht. Wer die Stimme aber nicht hört, sollte den Fehler nicht bei Gott, sondern bei sich selbst suchen. Jeder Augenblick unseres Lebens birgt ungeahnte Möglichkeiten zum Guten oder zum Bösen. Danach, wie wir sie nutzen, versäumen oder missbrauchen, richtet sich unser geistiger Werdegang. Deshalb sollten die Menschen in jedem Augenblick ihres Lebens aufmerksam sein."

Während MYHANENE zu mir sprach, hatte Bully Peg mehrfach vergeblich versucht, seine Streichhölzer an Passagiere der haltenden Busse zu verkaufen. Jedesmal aber wurden seine Bemühungen durch einen Konkurrenten vereitelt, einen größeren Jungen, der schneller war und seinen kleinen Rivalen einfach beiseite drängte.

Schließlich kam es ganz arg. Als er wiederum von dem Größeren beiseite geschubst wurde, verlor Bully Peg das Gleichgewicht und ließ seine beiden Schachteln auf das Pflaster fallen. Einen Augenblick später waren die breiten Räder des anfahrenden Wagens über sie hinweg gerollt.

Bully war wie vom Schlage getroffen. Fassungslos starrte er auf die zermahlenen Reste seines „Berufskapitals", dann sank er auf den Gehsteig, schlug die Hände vor die Augen und brach in ein verzweifeltes Schluchzen aus.

In diesem Augenblick kam Gottes Hilfe. Ein älterer Herr, der den Vorfall beobachtet hatte, trat auf Bully zu. „Na, na, wer wird denn gleich so weinen! Hast du deine Streichhölzer fallen lassen? Macht nichts. Hier hast du einen Penny, ich kaufe sie."

Bully wusste kaum, wie ihm geschah. In seiner Verlegenheit schluchzte er: „Es waren zwei".

„Zwei Schachteln? Na, dann eben zwei Pennies. Hier hast du noch einen. Ich kaufe beide. ... Wie heißt du denn?"

Der Kleine wischte sich die Tränen fort. „Bully Peg, Sir."

„Bully Peg! Wer hat dir denn diesen Namen gegeben?"

„Ich weiß nicht, aber so heiß' ich."

„Wo wohnst du denn?"

„Nirgends."

„Aber du hast doch ein Zuhause?"

„Nein."

„Na, wo schläfst du denn dann?"

„Irgendwo."

„Hast du nicht Mutter und Vater?"

„Ich weiß nicht."

„Na, das ist aber doch! Was hast du denn gestern zu essen gehabt?"

„Nichts."

„Und heute morgen auch noch nichts?"

„Nein."

Den nächsten Gedanken des freundlichen Herrn konnten wir lesen, obwohl er ihn nicht laut aussprach. Es war die dankbare Erkenntnis, dass ihn seine Vorahnung nicht getrogen hatte, als sie ihm auftrug, in die City zu fahren und eben hier, an dieser Stelle aus seinem Bus zu steigen. Und laut sagte er: „Komm mein Junge, wir werden gleich etwas zusammen frühstücken."

Dandy an unserer Seite jubelte. Sein kleiner Freund hatte zwei Pennies in der Tasche und sollte nun auch noch gratis ein Frühstück bekommen. Das war alles, worum Dandy gebeten hatte, und er wäre befriedigt mitgegangen, hätten wir an diesem Punkt den Rückweg angetreten.

Aber MYHANENE hielt uns zurück. „Wartet noch und ihr werdet sehen, wie Gott oft viel mehr gibt, als wir erbeten haben. Unser irdischer Helfer hat erkannt, dass er Gottes Auftrag folgte, als er, ohne festes Ziel, in diese Gegend fuhr. Jetzt bleibt die Frage, wie weit er dem Jungen helfen wird. Lasst uns weiter beobachten. Wir sind nicht ermächtigt, ihn weiter zu beeinflussen. Was jetzt noch folgt ist allein Sache seines freien Willens."

Es mag genügen, wenn ich sage, dass unsere Hoffnungen sich weit über das ursprüngliche Ziel hinaus erfüllten. Der freundliche Herr nahm Bully in eine nahegelegene Frühstücksstube, und während der ausgehungerte kleine Bursche das beste Mahl verzehrte, das er jemals gehabt hatte, reifte in seinem Wohltäter der Entschluss, ihn in einem ihm bekannten Waisenhaus unterzubringen.

Bully schien seinem Glück noch nicht recht zu trauen und ließ sich erst überzeugen, als ihm versichert wurde, dass es ein Heim und nicht etwa ein Gefängnis sei. Dann aber willigte er freudig ein.

Könnte es ein besseres Beispiel für die Hilfe geben, die uns von denen zuteil werden kann, denen der überwiegende Teil der Menschheit allenfalls eine zweifelhafte, ätherische und absolut machtlose Existenz zubilligt? Welchen Dienst könnte die Gemeinschaft der Engel leisten, wenn sich die Menschheit ihrer wahrhaft bewusst würde!

WANN WIRKT EIN GEBET?

Unsere Mission zur Erde war beendet. Vielleicht erscheint sie dem Unbeteiligten als verhältnismäßig unbedeutend; bestimmt aber war sie voller nützlicher Lehren, die in gleicher Weise für viele andere Situationen zu gelten haben.

Eine dieser Lehren eröffnete sich mir erst auf dem Rückweg, und ich erwähne sie, weil sie auch für dich, lieber Leser, Bedeutung haben mag.

Auf unserem Wege heimwärts fand ich mich mit MYHANENE ein wenig abseits von den anderen, als mein Begleiter liebevoll seinen Arm um meine Schultern legte und sagte: „Jetzt, da unsere Mission beendet ist, erlaube mir, dich zu ihrem erfolgreichen Ausgang zu beglückwünschen."

„*Mich* beglückwünschen?", rief ich erstaunt und blickte Myhanene halb prüfend, halb ungläubig an, ob er meine augenscheinliche Passivität bei dieser Mission etwa durch Sarkasmus rügen wolle.

Sein gütiger Blick aber verriet mir, dass ich mich irrte. „Du hast ganz recht gehört, Aphraar, ich biete dir meine aufrichtigen Glückwünsche an. Du hast wohl getan; fahre fort darin, und deine Mission zur Erde wird reiche Früchte tragen."

„Aber, was *habe ich* denn getan? Mein Anteil an diesem Unternehmen war doch der geringste von allen!"

„Wirklich?", fragte MYHANENE und zog mit gespieltem Erstaunen die Augenbrauen empor. „Wie seltsam, dass ich mich so irren konnte."

„Ich bitte dich, sag' mir, was du meinst", bat ich eindringlich. „Wie könnte ich ein solches Lob denn verstehen?"

„Ich meine es völlig ernst. Das so erfolgreich abgeschlossene Unternehmen hatte einen doppelten Zweck: Der eine liegt sichtbar vollbracht vor unseren Augen, aber er ist keinesfalls der wichtigste."

„Und der andere, darf ich ihn wissen?"

„Ja, jetzt, da es hinter uns liegt, sollst du ihn wissen. Meine Glückwünsche gelten dem Weg, den du wähltest. Als Dandy die Not seines Freundes sah und du davon hörtest, ergab sich eine vorzügliche Gelegenheit, zu erproben, was du tun würdest, um in diesem Fall Hilfe zu bringen. Würdest du, mit deinem unvollkommenen Wissen, versuchen, den besorgten Jungen zu besänftigen, oder würdest du die Geistesgegenwart haben, jemanden um Hilfe zu bitten, wie ich es dir geraten hatte? Deine Wahl war die richtige, und du siehst das Ergebnis!"

„Aber angenommen, ich hätte dich nicht gerufen?", fragte ich beinahe erschreckt über die Verantwortung, die auf mir gelastet hatte.

„Dann hätte sich ein anderer Weg eröffnet, um Dandys Gebet zu beantworten. Du aber wärest um den Lohn gekommen."

„Aber wie leicht hätte das geschehen können!"

„Die meisten Gelegenheiten im Leben werden auf diese Weise versäumt. Wenn wir nicht ständig nach ihnen Ausschau halten, gleiten sie an uns vorüber, unwiederbringlich! Das Nachgeben gegenüber der Bequemlichkeit, dass Kokettieren mit hundert kleinen Entschuldigen für die eigene Eigensucht und Gleichgültigkeit erstickt das geistige Leben der Erde und ist der Grund dafür, dass ungezählte Seelen mit leeren Händen im Jenseits eintreffen. Auf dem Schuldkonto, das hier beglichen werden muss, sind Sünden der Unterlassung ebenso häufig wie solche der Tat, und die Menschen stellen mit Erstaunen fest, das beide gleich schwer wiegen; bis sie daran erinnert werden, dass Christus auch dies in seinem Gleichnis vom jüngsten Gericht bereits ausgesprochen hat."

„Was meine Entscheidung betrifft", wandte ich ein, „so war sie aber sicher weit mehr eine von Gott gegebene Gnade als mein eigener bewusster Entschluss."

„Das will ich gerne zugeben. Aber du darfst nicht vergessen, dass die Gnade Gottes keine willkürliche Handlung ist. Jede Seele, die sich dem Willen Gottes anheimgibt, wird dem göttlichen Geist so nahegebracht, dass sie intuitiv seinem Willen entspricht, noch bevor der Verstand das Geheiß begriffen hat. Bei voller Anheimgabe an Gott bildet Sein Wille die Triebkraft jeder unserer Handlungen. Wir werden so vollkommen von IHM gelenkt, dass, wenn wir unsere Aufgabe begriffen haben, die eigentliche Handlung von uns bereits eingeleitet oder ausgeführt ist."

„Noch ist das für mich unbegreiflich. Nicht ohne Furcht kann ich daran denken, eine solche Beziehung erreichen zu müssen und wünschte fast, ich könnte entkommen."

„Tu' das Aphraar, tu' genau das."

„Entkommen?"

„Ja! Aber es gibt nur einen einzigen Weg dafür: Ihm noch näher zu kommen! Es gibt keine Sicherheit außer bei Gott. Wir werden ihn niemals *ganz* erkennen können. Ich glaube, dass auch die Engel, die ihm am nächsten stehen, von seinen

Offenbarungen immer wieder aufs Neue überrascht werden. Aber je näher du ihm rückst, desto deutlicher wirst du das volle Maß seiner Stärke und Liebe erkennen, zugleich aber auch die Furcht vor der majestätischen Größe verlieren, die ihn umgibt. Gott legt häufig einen Schleier zwischen sich und jene, die ihn lieben. Vielleicht ist deine gegenwärtige Ratlosigkeit die Folge eines solchen Zustands. Nimm sie deshalb nicht zu schwer und lass' mich dich führen, bis dieser Schatten der Erkenntnis weicht, dass du dich auf ungeahnten, unbekannten Wegen IHM ein weiteres Stück genähert hast."

„Ja, führe mich, MYHANENE, wie du es für richtig hältst. Dir kann ich vertrauen. Ich selber fühle mich erschöpft, verwirrt und unfähig, mir selber zu helfen."

„Ich verstehe das besser, als du glauben magst. In dir wirkt die natürliche Belastung der Verantwortung nach, die du bei unserer Mission so erfolgreich getragen hast."

„Aber ich hatte doch den geringsten Anteil daran, geringer selbst als Jack!", protestierte ich erneut.

„Das mag deine Auslegung sein. Nach unseren Gesetzen aber hast du eine Aufgabe ehrenvoll verrichtet. Anscheinend geringfügige Nebensachen erweisen sich manchmal als von größter Bedeutung. Die Bewertung deiner Tat, als du um meine Hilfe riefst, liegt allein bei Gott. Aber lass' mich dir zu deiner Ermutigung sagen: Die Erschöpfung, die du fühlst, zeigt mir, dass du über die Ernte froh sein wirst."

„Ich hoffe aufrichtig, dass es so sein wird, und dabei will ich es belassen. Aber der ganze Vorgang hat mich im Unklaren darüber gelassen, wann überhaupt ein Gebet wirksam ist. In unserem Fall erfolgte die Antwort auf Dandys Bitte unverzüglich. Steht das nicht aber in einem starken Gegensatz zu den meisten anderen Gebeten der Menschen?“

„Es steht vielleicht im Gegensatz, aber der Grund dafür liegt allein bei den Gebeten, nicht aber etwa in einer willkürlichen Handlungsweise Gottes. Ein ewiges Gesetz besagt, dass jede Seele, die sich wahrhaft im Gleichklang mit Gott befindet, um alles bitten darf – und es wird geschehen! Ein solcher Gleichklang wird sie auch von vornherein daran hindern, um etwas zu bitten, das dem göttlichen Willen entgegengesetzt ist. Ihr Gebet wird Dinge berühren, die Gottes Herrschaft unterliegen, und es wird erst ausgesprochen werden, wenn jede menschlich mögliche Anstrengung gemacht worden ist, ohne zum Erfolg zu führen.

„Nur ein winziger Bruchteil dessen, was die Erde ‚Gebet' zu nennen pflegt, verdient diese Bezeichnung. Der Rest ist vergeudete Mühe, ist ein Versuch, Gott durch Überredung oder Lobpreisung zum Handeln zu bewegen. Die Menschen fordern von sich, was sie selbst aus Faulheit oder Selbstsucht nicht tun wollen, sie suchen seinen Segen selbst für Handlungen tyrannischer Unterdrückung anderer Menschen oder Völker. Sie suchen sich durch seine Anrufung davor zu bewahren, dass ihnen zu unrecht erworbenes Gut strittig gemacht wird. Solche Begehren erreichen das Ohr Gottes nicht in Ewigkeit.“ –

„Lass uns sehen, warum Dandys Gebet erfolgreich war. Er hatte freiwillig die Rolle des Betreuers von Bully Peg übernommen. Der körperliche Tod hinderte ihn daran, diese Rolle in der gewohnten Weise fortzuführen. Dandy weigerte sich aber, sich deshalb von seiner Verantwortung entbunden zu betrachten und war fest entschlossen, seinem Freund zu helfen, als er von dessen Notlage erfuhr. Sein Verhalten war ein Musterbeispiel von Treue und Glauben an eine Macht des Guten und Gerechten. Alle Vorbedingungen für die Wirksamkeit seines Gebetes waren deshalb gegeben, und als der Krisenpunkt erreicht war, gewann seine Bitte die von Gott bestimmte Allmacht des Gebets."

„Jetzt weiß ich, was ein wirkliches Gebet ist", sagte ich. „Du hättest den Unterschied nicht klarer zum Ausdruck bringen können. Und da ich einmal beim Fragen bin: Würdest du mir noch eine andere Frage beantworten, die mir mit der eben behandelten irgendwie verwandt zu sein scheint? Ich meine das Problem des Schmerzes und körperlichen Leidens auf der Erde."

„Gewiss, Aphraar. Zunächst muss ich aber die beiden Begriffe von einander trennen. Der erste: Schmerz muss, wie Satan im Buche Hiob, unter die Boten Gottes eingereiht werden und nicht unter die Vasallen des Bösen. Sein Amt ist das Wohlbefinden der Menschen zu überwachen und unverzüglich jedes Abweichen vom Pfade der Gesundheit anzuzeigen. Nicht zuletzt auch dort, wo es um die geistige und seelische Gesundheit geht. Wer seine Stimme hört, auch wenn sie leise oder anders klingt, als der klinische Befund es ahnen lässt, kann gerettet werden. Jene aber, die nicht hören wollen, müssen die Folgen ihrer Torheit tragen: ‚Wenn du der Stimme des Herrn nicht gehorchen willst, sondern gegen das Geheiß des Herrn rebellierst, so wird die Hand des Herrn gegen dich sein' (1. Samuel, 12, 15). Der Schmerz übergibt den Sünder dem Leiden."

„Aber auch das Leiden, soweit es ein legitimes Mittel Gottes bleibt, ist ein Instrument zum Guten, wie Christus am Beispiel des blind geborenen Mannes erklärte. Dieser war einer der Vorzüge des Lebens beraubt; aber, nicht wissend, was er entbehrte, genoss er gleichzeitig ausgleichende Gaben, die andere nicht hätten verstehen und schätzen können. Diese Gaben erloschen, als er das Augenlicht zurück erhielt. Aber das sei nur am Rande gesagt. Worauf es mir ankommt ist, dir verständlich zu machen, dass alle, die das Erbe Christi antreten, die gleiche Macht besitzen wie er, solches Leiden auszulöschen. ‚Wer an mich glaubt, wird die gleichen Werke tun, die ich tue' (Joh. 14, 12), heilt die Kranken, reinigt die Aussätzigen, erweckt die Toten, treibt die Teufel aus; frei habt ihr empfangen, frei gebet auch' (Math. 10, 7-8). ‚Diese Zeichen sollen denen folgen, die glauben: In meinem Namen sollen sie die Teufel austreiben, sie sollen mit neun Zungen reden; sie sollen Schlangen aufgreifen, und wenn sie etwas Tödliches trinken, soll es ihnen nicht schaden; sie sollen ihre Hände auf die Kranken legen und sie sollen gesund werden' (Mark. 16, 17-18)."

„Aber diese Gaben scheinen alle längst ausgestorben zu sein", wandte ich ein. „Waren sie denn nicht nur für die Apostel bestimmt?"

„Sage lieber, sie werden nicht länger angewendet! Gott ändert sich nicht, und niemals nimmt er etwas zurück. Die Möglichkeit zu ihrer Ausübung besteht nach wie vor. Du hast dieses Gesetz vor kurzem selber am Wirken gesehen, als CUSHNA durch sein Medium das kranke Bein des kleinen Kindes heilte. Das Versickern dieser Gottesgabe ist etwas, für das die Institutionen, die den Namen Christi tragen noch Rechenschaft abzulegen haben werden. Es ist eine Unterlassungssünde, die nicht ohne Bestrafung bleiben kann. Aber der weitaus größte Teil des Leidens auf der Erde ist unpersönlicher Art. Ich meine das Gebrechen, die Not und die Verworfenheit, die eine Folge der sogenannten Zivilisation sind. Diese Dinge sind ein Gräuel vor Gott, sie sind das Ergebnis von Habgier, Selbstsucht und Unmenschlichkeit. Jeder Erdenmensch trägt mehr oder weniger eine Mitverantwortung daran und wird danach bemessen werden, wie er sich im Leben dazu verhielt."

„Ist es möglich, dass jede Verfehlung auf ihren Ursprung zurückverfolgt wird?"

„Jede Taube kehrt zu ihrem eigenen Schlag zurück, lieber Bruder, und jede Biene in ihren eigenen Stock. Gott ist voll und ganz in der Lage sein Gesetz mit absoluter Gerechtigkeit anzuwenden. Auch ich verstehe nicht, wie eine solche lückenlose Vollkommenheit möglich ist, *aber sie ist es!* An Gottes Gesetz kann kein Strichlein fortfallen."

„Wer kann dann gerettet werden?"

„In seiner Liebe und Weisheit hat Gott einen Weg bereitet, auf dem auch die verworfenste Seele schließlich zum Frieden gelangen kann. Dieser Weg führt durch das reinigende Feuer der Hölle und durch ungezählte Stadien im Jenseits, bis die Schuld endgültig abgetragen und abgefallen ist. Gott ist geduldig und die Ewigkeit lang genug, um seinen Plan zu vollenden."

RHAMYA SPRICHT VON JESUS

Ich hatte den vor Freude beinahe fassungslosen Dandy in sein Heim zurück begleitet. Wir können uns vorstellen, in welchen Tönen der Begeisterung der temperamentvolle, offenherzige Bursche dort über den Erfolg unserer Mission berichtete.

Eilele, seine Betreuerin, zog mich unterdessen in ein ernsteres Gespräch. Sie war eine Dichterin, deren Verse, ja deren ganzes Leben von der Liebe zu GOTT und zu DEM durchdrungen waren, der von Gott zum Herrscher über Himmel und Erde eingesetzt ist.

Lange sprachen wir, und schließlich fasste ich den Mut, immer noch zögernd und ein ‚Nein' erwartend, sie zu fragen: „Hast du IHN, Jesus, wenigstens vielleicht ganz von ferne, schon einmal erblicken dürfen?"

Jubelnd und überschwänglich kam die Antwort: „Ja, Aphraar, ich habe IHN gesehen! Für die Wonne dieses Augenblicks wird es niemals Worte geben! Es war eine Vision, eine Offenbarung, die alles veränderte, alles erklärte, alles erleuchtete. Bei SEINEM Anblick begriff ich, was Johannes meinte, als er sagte: ‚In ihm war das Leben, und das Leben war das Licht der Menschheit.' – Ja, Leben und Licht, ewig und schattenlos, voll übermächtig und überwältigend! Hege nur das eine Bemühen Christus zu kennen, und die Wahrheit auszusprechen, die in IHM ist. Dann muss alles gut werden!"

„Deine Erfahrung bestätigt auch das?"

„Ja, sie muss es. ER ist das Alpha und Omega, der Anfang und das Ende. Und da er das Hauptthema deiner künftigen

Mission zur Erde sein wird, so lass ihn auch dein Vorbild sein. Sprich einfach, dass alle dich verstehen; gütig, dass alle zu dir hingezogen werden; geduldig, dass alle einen Freund in dir sehen und natürlich, dass sie in der Natur dein Evangelium bestätigt sehen. Vermeide das Geheimnisvolle, wo immer du kannst!"

Ich bat Eilele, mir mehr von Jesus Christus zu erzählen, aber sie lehnte sanft ab.

„Ich bin nicht zum Lehrenden befähigt, lieber Aphraar, und das mag der Grund sein, warum es mich nicht zur Mission auf der Erde drängt. Ich kann zu dir persönlich sprechen, nicht aber die Dinge lehren, die du später an andere wirst weitergeben müssen. Aber es gibt genug Freunde, die dazu in der Lage sind, und ich bin sicher, dass OMRA uns einen seiner Helfer senden wird."

Bei den letzten Worten sandte Eilele einen Gedankenstrahl aus, wie ich ihn schon bei MYHANENE und anderen Freunden gesehen hatte, wenngleich ich in diesem Falle zum ersten Mal begriff, dass der Entschluss und die Ausführung zur *gleichen* Zeit erfolgten.

Kurz darauf stand RHAMYA neben uns. „OMRA schickt mich", begrüßte er uns. „Und er sagte mir, dass du, Aphraar, mehr über die Dinge wissen möchtest, die für deine künftige Mission so wichtig sind. Ich will dir dabei gerne behilflich sein."

Ich sah sofort, dass Eilele das Richtige getan hatte. RHAMYA war zweifellos ein Lehrer der Wahrheit. Hinter seiner jugendlichen Gestalt verbarg sich die Weisheit großen Alters, die wie ein unsichtbarer Mantel um seine Schultern gelegt zu sein schien. Groß, ruhig und von majestätischem Aussehen, erweckte er auf den ersten Blick den Eindruck eines unerschütterlichen Felsens. Aber ein zweiter Blick überzeugte mich, dass bei ihm, neben granitener Festigkeit, auch Hilfe, Schutz und brüderliches Mitgefühl zu finden waren.

„Du bist sehr gütig zu mir", sagte ich. „Ich kann nur hoffen, dass meine künftige Arbeit zeigen wird, wie sehr ich deine Mühe schätze."

„Lass uns lieber Vorzug und Vergnügen sagen, statt Mühe", korrigierte RHAMYA. „Denn wir alle müssen nach dem einen Gesetz wirken, das Christus verkündete: ‚Gib, so wird dir gegeben!' Es bestimmt auch unser beider Verhältnis und macht mich zu deinem Schuldner für die Möglichkeit, die du mir gibst."

„Ich weiß, dass es sinnlos wäre, wollte ich widersprechen", gab ich zu. „Aber erlaube mir dennoch, meine eigene Dankbarkeit als ein Zeichen der persönlichen Wertschätzung hinzuzufügen."

RHAMYA lächelte zum gütigen Einverständnis. Dann nahmen wir Abschied von Eilele, und mein Lehrer begann sofort, sich seiner Aufgabe zuzuwenden.

„Nun denn; nimm diesen Rat für deine künftige Tätigkeit voraus. Was auch immer man dich fragen wird, achte darauf, dass du auf demselben Grunde stehst wie Jesus Christus. Und wo es dir an einer klaren Äußerung des Meisters fehlt, sei darauf bedacht, dass du das von ihm allgemeingültig niedergelegte Gesetz auf natürliche, folgerichtige und verständliche Weise auslegst. Es hat andere Lehrer als Jesus gegeben, aber keinen von solcher Autorität wie Ihn, der der

‚fleischgewordene Gott' war, das heißt, soviel von Gott, wie dies überhaupt möglich ist. Verstehst du, was ich meine?"

„Vollkommen."

„Wir müssen also feststellen, wie Jesus Christus über die Frage der Autorität oder Stellvertreterschaft Gottes auf Erden gedacht hat, denn auf diesem Punkt wird die Stärke deiner eigenen Position ruhen. Glücklicherweise hat er keinerlei Zweifel über diese Frage zurückgelassen. Sein Geheiß ist ‚dem Kaiser zu geben, was des Kaisers ist, und Gott zu geben, was Gottes ist.' Dieser Satz ist so klar, dass keine verschiedenen Auslegungen möglich sind. In allen zeitlichen Dingen sollen wir uns der zeitlichen Macht unterstellen, in allen geistigen Dingen der Autorität Gottes *allein*."

Mein neuer Begleiter fuhr fort: „Paulus sagte dasselbe, als er an Timotheus schrieb: ‚Es gibt einen Gott und einen Mittler zwischen Gott und den Menschen, *Jesus Christus*'. In dieser Feststellung gibt es keinen Platz für irgendeine stellvertretende menschliche Einrichtung, und die Lehre des Apostels ist auch in voller Übereinstimmung mit einem anderen Wort des Meisters*): ‚Du sollst den Vater weder auf diesem Berge noch zu Jerusalem anbeten ... Gott ist Geist; und jene, die ihn anbeten, müssen dies im Geiste und in der Wahrheit tun!' Deshalb ist die wahre Kirche Christi eine geistige Gemeinschaft, nicht aber eine sichtbare, die einer menschlichen Autorität untersteht."

„Aber Christus hat doch im Tempel selbst gelehrt?"

„Richtig. Seine Haltung gegenüber den kirchlichen Ein-

*) An die Frau zu Sychar (Joh. 4, 24)

richtungen seiner Zeit war eher duldsam als feindlich. Er brachte zwar keine Opfer im Tempel dar, das konnte er als Prophet auch nicht, wie wir gleich noch sehen werden, aber er wetterte auch nicht gegen die Gottesdienste und war gelegentlich sogar selbst im Tempel zu finden. Er war immer bereit, jedes Streben zur Besserung der Menschen anzuerkennen und zeigte, wie wir auch an seinem Gleichnis von der schlechten Saat sehen, niemals unkluge Eile bei der Zerstörung des Bösen, auf dass er nicht auch das Gute dabei vertilge. Aber dennoch stand seine Ablehnung der ungeistigen Tempelherren niemals für einen Augenblick im Zweifel. Seine Haltung gegenüber kirchlichen Einrichtungen jeder Art war vollkommen klar."

„Kannst du mir die genauen Gründe dafür nennen?"

„Es gibt einen sehr stichhaltigen und äußerst wichtigen Grund. Ohne göttliche Hilfe ist die Menschheit auch in ihrer edelsten Erscheinungsform immer noch unvollkommen und unfähig, einen Daseinszustand zu erfassen, der über ihre fünf Sinne hinausgeht. Ihr höchster Gottesbegriff unterliegt diesen Einschränkungen und kann sich niemals über die menschlichen Moralbegriffe erheben. Schon aus diesem Grunde allein wäre es Gott unmöglich, sich in irgendeiner Form der Autorität einer menschlichen Institution zu unterstellen."

RHAMYA erläuterte: „Das religiöse Empfindungsvermögen ist die göttlichste Gabe einer Seele. Ist es vorstellbar, dass Gott das Seelenheil seiner Kinder in die Hände von Männern legt, die ihnen die Flügel beschneiden und sie in Ketten legen möchten, die schon vor Jahrhunderten geschmiedet wurden? Und das, während die Vorkämpfer der materiellen Wissenschaft bereits in Gebiete vordringen, die an das Unsichtbare grenzen? Gott und Christus sahen all' das voraus. Ihre Weisheit gebot ihnen, zu verkünden, dass keine noch so geartete menschliche Einrichtung in geistigen Dingen als Autorität auftreten könne."

„Vergisst du nicht, dass es so etwas wie eine göttliche Eingebung gibt?"

„Keineswegs, im Gegenteil. Ich erkenne durchaus an, dass der Ursprung der meisten religiösen Systeme in irgendeiner göttlichen Eingebung lag. Aber das tut der Schlussfolgerung keinen Abbruch. Solche Visionen sind nicht von einer Unfehlbarkeit, die alles Zukünftige unabänderlich bestimmen muss, und ihre Verkündung mag von vielen Umständen beeinflusst sein. Christus selbst war sehr deutlich in dieser Hinsicht: ‚Ich habe euch viele Dinge zu sagen, aber ihr könnt sie noch nicht ertragen. Wenn aber der Geist der Wahrheit über euch gekommen ist, wird er euch zur ganzen Wahrheit führen.' – Die göttliche Eingebung ist deshalb eher ein Strom, der der Menschheit folgt, eine Evolution von aufeinanderfolgenden Offenbarungen, ein Erbe das die Menschheit in dem Maße antritt, in dem sie es ertragen kann. Mit anderen Worten: Keine Eingebung ist vollkommen in sich selbst, sondern jede führt, wenn sie richtig verstanden wird, zu einer neuen Stufe, bis die letzte uns eines Tages in die Gegenwart dessen führen wird, der allein vollkommen ist: GOTT."

Er fuhr fort: „Ich meine es im wörtlichen Sinne, wenn ich sage, dass keine wirklich vollkommene Eingebung jemals durch Menschen die Erde erreicht hat, eben weil der Mensch selber unvollkommen ist. Es gibt keine Ausnahme von dieser Regel. Christus selber erkannte dies an, als er sagte, es gebe Dinge, die selbst den Engeln im Himmel nicht bekannt sind, noch dem Sohne, sondern vom Vater alleine. Und wo ER seine eigenen Grenzen in dieser Weise zugibt, steht es uns schwerlich zu, etwas anderes für weniger auserwählte Personen oder Institutionen zu beanspruchen. Ich betone das, damit du siehst, dass ich Christus an die erste Stelle setze. Dies führt uns nun zu einem weiteren Einwand gegen die Autorität kirchlicher Dogmen. Gott bestimmte von Anbeginn, dass der Strom der von ihm ausgehenden Eingebung das sich stets erweiternde und vertiefende Mittel der Verständigung zwischen ihm und der sich fortentwickelnden Menschenseele sein soll. Diese Erkenntnis würde jedoch den Ansprüchen der Priesterklasse jeden Boden entziehen, und deshalb haben die Priester zu allen Zeiten eine tödliche Fehde gegen die Propheten geführt. Jesus als ein Prophet konnte niemals an den Opfergottesdiensten im Tempel teilnehmen."

„Waren dann aber nicht diese Opfer gerade dazu bestimmt, sein eigenes großes Werk einzuleiten?"

„Keineswegs. Weder der Levitenkanon noch seine Auslegung durch die Rabbiner lassen eine solche Folgerung zu. Der vom Tempel erwartete Messias sollte ein alleserobernder König sein, der den Glanz der Herrschaft Davids wiederherstellt und für alle Zeiten auf dessen Thron bleibt. Die Feindschaft der Priester und anderer Mitglieder der Oberklasse gegen Christus, die bekanntlich schon vor der Kreuzigung erbarmungslos war, entstand gerade daraus, dass sein Verhalten allen ihren Lehren, Erwartungen und Interessen zuwiderlief. Christus und der Tempel waren voneinander soweit entfernt, wie Lazarus und der reiche Mann in seinem Gleichnis. Jeder Versuch einer Überbrückung wäre unmöglich gewesen, es sei denn, dass der Tempel sich geistig gereinigt und an der Geburt des ewigen Reiches teilgenommen hätte. Nichts kann diese Trennung deutlicher zeigen, als die Worte Christi: ‚Es steht geschrieben, dass mein Haus das Haus des Gebets genannt werden soll; ihr aber habt es zu einer Diebeshöhle gemacht'.*) Du kannst keinen größeren Irrtum begehen als zu glauben, dass die Priester Israels ihren Kult als eine Vorbereitung des Opferwirkens Christi ansahen. Der levitische Kanon enthält zahllose Versicherungen, dass das Priestertum eine immerwährende Einrichtung sein soll. Alle Propheten aber erklären gleichermaßen nachdrücklich, dass dieser Kult rein menschlicher Natur sei und keine göttliche Autorität besitze. Jesus war weder ein Priester noch ein Levit, noch teilte er irgendwie die Geisteshaltung dieser Kasten. Er war durch und durch ein Prophet."

„Aber boten nicht die Propheten auch Opfer dar?"

„Nein." RHAMYAS Antwort war lakonisch und sehr bestimmt.

„Hast du Elias auf dem Berge Karmel vergessen?"

„Das war kein Opfer, sondern eher eine Probe auf den Beweis, ob der Gott der Propheten oder der Gott der Priester der wahre Gott sei. Es war in einer Zeit nationaler Gefahr für Israel eine endgültige Bekundung dafür, dass eine organi-

---

*) Luk. 19, 46

sierte Religion, so gewissenhaft ihr Ritual auch vom Volk und der Priesterkaste befolgt werden mag, im Himmel weniger Einfluss hat als das Gebet einer einzigen, sich hingebenden Seele. Der Apostel Paulus drückte dasselbe später in anderen Worten aus: ‚Gott, der die Welt und alle Dinge darin erschuf, sehend, dass Er Herr über Himmel und Erde ist, wohnt nicht in Tempeln, die von Menschenhänden erbaut wurden, noch können Ihn die Menschen mit der Gabe ihrer Hände anbeten, als ob Er etwas brauche.' ... Muss ich noch mehr sagen, um zu beweisen, dass der Gott, den die Menschen in die theologischen Systeme ihrer Glaubensrichtungen gepresst haben, nicht der Gott ist, den die Welt sucht? Dass dieser wahre Gott sein Königreich nicht nach dem Willen von Kirchenkonzilen regiert? Lass es das erste Ziel deiner neuen Mission sein, den Menschen den Gott und Vater unseres Herrn Jesus Christus zurückzugeben; einen Gott, der sein Evangelium der Menschheit durch den Mund seiner Propheten immer wieder von neuem kundtut. Auf Erden gibt es nur eine Autorität: Es sind die Früchte dieses Evangeliums und seiner Verkünder. Sie sind das einzige Richtmaß, nach dem die Menschen, zu ihrem Wohl und zu ihrem Schutz, urteilen können."

GOTT UND SEINE PROPHETEN

RHAMYAS Worte ließen an Deutlichkeit nichts zu wünschen übrig. Die Art aber, in der er sprach, kündete von solchem Wissen und solcher Weisheit, dass ich sofort tiefes Vertrauen zu ihm gewann. Er machte keinen Versuch, die verschiedenen Glaubensrichtungen der Erde nach ihrem Wert einzuteilen. Keiner von ihnen billigte er göttliche Autorität zu, aber er erkannte an, dass in allen der Wunsch vorhanden war, der Menschheit einen Dienst zu leisten. Soweit dieser Wunsch ehrlich verfolgt wurde, besaßen diese Dienste ihren Wert.

In dem Augenblick aber, da eine Priesterkaste versuchte ihre menschlichen Richtmaße mit den göttlichen gleichzusetzen und zu verknüpfen, was Gott tun oder nicht tun werde, war das Urteil RHAMYAS gegen sie gefällt.

Die Kirchen haben eine gute und nützliche Aufgabe zu erfüllen. Die erste Voraussetzung dazu ist aber, dass sie in Treue und Demut dem Wege Christi folgen, sein reines Licht leuchten lassen und wahrhaft geistiger statt weltlicher Natur sind. Die Kirchen können deshalb niemals mehr sein als ein williger Diener, der den Willen seines Herrn nur in dem Maße kennt, in dem er IHM gleich ist. Gottes Geheimnisse werden einzelnen Seelen geoffenbart, niemals aber menschlichen Institutionen. Und keine von diesen kann den Anspruch erheben, Christi Nachfolger oder Stellvertreter auf Erden zu sein.

„Ist es dir aufgefallen", fragt RHAMYA, „dass ich nur aus den prophetischen Teilen der Bibel zitiere? Es gibt andere Teile der Heiligen Schrift, die vorwiegend auf menschlichpriesterlichen Einfluss zurückgehen. Sie sind für das Erkennen der Wahrheit ohne Nutzen. Aber lass uns jetzt von den negativen Aspekten der Religion zu ihren positiven übergehen. Ich möchte versuchen, dich auf einem weniger bekannten Pfade auf jene Straße des Heils zu führen, auf der auch die Unwissenden nicht abirren können, wenn sie diesen einmal gefunden haben. Du wirst sehen, dass wir diese Straße von unserer heutigen Warte aus unvergleichlich besser überblicken können, als früher von unserem Standpunkt auf der Erde."

„Das will ich gerne glauben", antwortete ich, „aber sind wir zu diesem Vergleich auch berechtigt? Müssen wir nicht notwendigerweise unsere Gottesanschauung auf den jeweiligen Stand unserer Entwicklung einstellen und uns diesem auf natürliche Weise anpassen?"

„Es freut mich, dass du diese Frage selbst stellst, denn sie wird dir helfen, den Grundgedanken zu begreifen, auf den ich deine Aufmerksamkeit lenken möchte. Die Antwort darauf wirst du in dem finden, was ich zu sagen in Begriff bin: Von unserem Standpunkt im geistigen Bereich aus gesehen, entwickelt sich die ganze Schöpfung über ungezählte aufeinanderfolgende Stufen auf ein einziges Ziel zu: eine göttliche Menschheit. Wir brauchen diese Entwicklung aber nur bis zu dem Punkt in der Vergangenheit zurückverfolgen, an dem der Mensch individuelles Bewusstsein erlangte. Er begann Vergleiche zwischen sich und seiner Umgebung anzustellen und stellte dabei einen solchen Unterschied zwischen sich und den höchstentwickelten Tieren fest, dass er glauben durfte, einer neuen Klasse der Schöpfung anzugehören.

Eine seiner frühesten Beobachtungen wird ihn dabei mit Schrecken und auch mit Neugierde erfüllt haben, denn er fand heraus, dass er im Schlafe plötzlich andere Augen, Ohren und Gefühlsorgane besaß als die seines Körpers. Er traf sich und sprach mit Gefährten, die schon lange dem Kannibalismus zum Opfer gefallen, verbrannt oder beerdigt waren. Eines Tages sah er im Schlafe sogar etwas voraus, das sich später auf der Erde verwirklichte. Und einige dieser unserer Vorfahren entwickelten die Fähigkeit, einen gefassten Vorsatz im Schlaf auszuführen, sich Rat zu holen und diesen mit ins Wachbewusstsein hinüberzubringen. ‚Und er [Bileam] sprach zu ihnen: bleibet hier über Nacht, so will ich euch antworten, wie mir der Herr sagen wird ...' (4. Mose, 22, 8-9). Andere stellten fest, dass sie im Schlafe Bitten aussprechen und Gaben erhalten konnten. Salomons Gespräch mit Gott (1. Könige, 3, 5-15) ist das klassische Beispiel dafür. Gottes Gaben verschwanden auch keineswegs mit dem Erwachen. Salomons Weisheit ist bis auf den heutigen Tag sprichwörtlich geblieben. Andere wiederum erhielten, wie Joseph, die Gabe, Träume zu deuten, und Daniel hören wir sogar um Zeit bitten, damit er in das Reich des Schlafes zurückkehren und die Erinnerung an den Traum des Königs zurückholen könne."

„Mit alledem", setzte RHAMYA weiter an, „will ich durchaus nicht sagen, dass alle Träume göttliche Botschaften sind. Ich stelle nur fest, dass der Schlaf ein uns seit Jeher gegebenes und natürliches Mittel der Verbindung mit dem Göttlichen ist und gleichzeitig, wie du aus den genannten Schriftstellen siehst, der Ursprung der Prophetie! Die Prophetie unter unseren Vorfahren war das naturgegebene göttliche Mittel, die menschliche Höherentwicklung auf geistigem Wege zu fördern. Alle Völker, zu allen Zeiten, haben Propheten gehabt, aber in der Bibel kannst du den Strom prophetischer Offenbarungen am klarsten verfolgen: ‚Wenn unter euch ein Prophet ist', soll der Herr gesagt haben (4. Mose, 12,6), ‚so will ich mich ihm in Gesichtern offenbaren und in Träumen zu ihm reden'. Ein wenig später finden wir, dass der Geist des Herrn auf einen Propheten herniedersteigt und ihn ‚in einen anderen Mann verwandelt' (1. Samuel, 10,6), der nicht mehr seine eigenen Worte spricht, sondern die des lenkenden Geistes. Genau das ist die noch heute gültige Methode, die Gott gewählt hat, um den Menschen seine Offenbarungen zu senden. In der Verfolgung dieser Linie werden wir auch den Christus Gottes finden."

„Verzeih', wenn ich unterbreche", wandte ich ein, „aber ist dieses Herniedersteigen des Geistes, der den Propheten vorübergehend in einen anderen Mann verwandelt, nicht dasselbe, was CUSHNA tut, wenn er sein Medium auf Erden lenkt und überschattet?"

„Genau das! Wenn du CUSHNAS Wirken beobachtet hast, wirst du den Sinn meiner Worte viel besser verstehen können."

„Nicht nur beobachtet; ich durfte sogar selber eine Botschaft an jemanden auf der Erde senden. Aber bevor du fortfährst, lass mich dich noch um die Erläuterung einer Bibelstelle bitten, die die Zulässigkeit einer solchen Verbindung in Frage zu stellen scheint. Ich meine die Stelle im 5.

Buch Mose, an der das Gespräch mit nahestehenden Geistern als eine Verunglimpfung Gottes bezeichnet wird."

„Es ist gut, dass du danach fragst. Dieses Verbot ist ein Geheiß von Priestern und als solches rein menschlichen Ursprungs. Es hat keinerlei Gültigkeit gegenüber einem natürlichen Vorgang. Es bestreitet die Echtheit der Verbindung nicht, sondern bestätigt sie eher, denn sonst gäbe es keinen Grund, etwas zu verbieten. In der Geschichte gibt es noch mehr Beispiele dafür, dass Priester ihre obrigkeitliche Stellung dazu nutzten, die Wahrheit zu unterdrücken. Ich brauche dir gewiss nicht zu sagen, *warum* die Priester jeden direkten Verkehr mit dem geistigen Reiche bekämpfen: Wann immer Priester und Prophet miteinander zusammenstießen, erwies sich jedes Mal der Prophet als der Überlegene, und die Priester konnten ihre Macht oft nur mit Hilfe ihres Machtanspruches aufrecht erhalten. Diese Überlegenheit wurde im Laufe der Zeit so offenkundig, dass die Tempelbehörden in Jerusalem sich schließlich genötigt sahen, selber zur Prophetie zu greifen: Einmal im Jahr, so hieß es, könne der Hohepriester direkt bei Gott um Rat fragen. Erfolg konnte er bei einem solchen Unternehmen im falschen Geiste wohl kaum erhoffen.

Eines muss ich aber noch hinzufügen: Da die Möglichkeit dieser unmittelbaren Gemeinschaft auf ein natürliches Gesetz zurückgeht, steht der Zugang zu ihr nicht nur den hohen, sondern auch den niederen Geistern offen. Die Propheten haben dies von vorneherein auch klar erkannt und deshalb die folgende Regel niedergelegt: ‚Wenn der Prophet im Namen des Herrn redet, und es wird nichts daraus und kommt nicht, so ist es das Wort, das der Herr nicht geredet hat; der Prophet hat es aus Vermessenheit geredet, darum scheue dich nicht vor ihm!' (5. Buch Mose, 18, 22). Dieses Gesetz trägt den Stempel der Wahrheit; es besteht nicht darauf, dass wir das Verkündete sofort und bedingungslos glauben, selbst wenn es von erlauchten Lippen kommt. Es ist gleich dem geistigen Gesetz: ‚An ihren Früchten sollt ihr sie erkennen'.

Darum musst du bei deinen künftigen Missionen zur Erde niemals eine Unklarheit darüber lassen, dass diejenigen, die den Kontakt mit der geistigen Welt suchen, immer solche Seelen anziehen werden, die ihnen gleich oder ähnlich sind. Die Guten werden gute Geister finden, die Neugierigen, die Heuchler und die Unreinen werden Seelen finden, die ihnen entsprechen. Dieses Gesetz ist unabänderlich! Nur wer reinen Herzens ist, wird den ‚Hügel des Herrn' erklimmen, auf dem die Geheimnisse seines Königreichs eröffnet werden."

DAS KOMMEN CHRISTI

„Du wirst jetzt verstehen", sagte RHAMYA, „welch ein grundlegender Unterschied zwischen den Propheten und den Priestern besteht. Die Propheten wirken aus einer lebendigen geistigen Wirklichkeit, und wenn sie sich mit ihren geistigen Helfern in Harmonie befinden, werden sie zwangsläufig hoch über ihre Mitmenschen gehoben, denen zu helfen sie bestimmt sind. Sie reichen hinauf an den Quell der Wahrheit, der unversiegbar ist und dessen Fließen nur durch das Verlangen nach dieser Wahrheit und das körperliche Schöpfungsvermögen des einzelnen Propheten Grenzen gesetzt sind. Ihr Weg führt zum lebendigen Gott, nicht zu toten Formeln.

„Aber", setzte ich eine Frage an, „wie kommt es dann, dass diese Instrumente Gottes die Religionen auf Erden nicht viel stärker beeinflusst haben?"

„Die Erklärung hierfür ist eine *sehr* ‚menschliche': Nur allzu oft waren die Propheten, einmal überzeugt von der geistigen Quelle ihrer Visionen, mit dem Erreichten bald zufrieden. Der Strom mochte weiterfließen, aber einer wirklichen geistigen Fortentwicklung wurde dadurch Einhalt geboten. Das war dann jedes Mal die Stunde der Priester, die, verbündet mit dem Staat, alle Mittel der weltlichen Macht dazu benutzten, den Einfluss der prophetischen Lehren zu zerstören und die Herrschaft des Ritus und Zeremoniells wiederaufzurichten. Jedoch: Kein Vorhaben Gottes wird jemals aufgegeben. Der Quell mag langsam, kaum sichtbar fließen; er muss dennoch kraft Gesetz wieder anschwellen und eines Tages die Dämme brechen. Der größte Fehler, den wir machen können ist, Gottes Ewigkeit nach der kurzen Spanne unseres Erdenlebens zu messen und zu glauben, ER habe seine Absicht aufgegeben, weil sie sich nicht nach dem Uhrwerk unserer kurzen Tage verwirklicht. Durch Äonen der Erdgeschichte hindurch wartete Gott geduldig darauf, bis die Zeit für den Menschen reif war. Und seitdem ist noch nicht einmal ein Pulsschlag der Ewigkeit vergangen. Was sind dagegen die tausend Jahre des jüdischen Königreiches, in denen der Strom der Prophetie, langsam und unmerklich vielleicht, aber dennoch unaufhaltsam weiter anstieg, bis der Damm mit Jesus Christus endgültig barst?"

„Würdest du mir erlauben, eine Frage zu stellen, die mir gerade eingefallen ist?", unterbrach ich RHAMYA. „Wenn in der Zeit, von der du sprichst, die Engel direkt auf Erden eingegriffen haben, wie die Überlieferung besagt, konnten sie dann nicht die Aufgabe jener Propheten übernehmen, die in ihrer Erfüllung nachlässig geworden waren?"

„Nein, Aphraar, dazu waren sie nicht fähig. Es gibt viele Gelegenheiten, wo Hilfe zu bringen ist oder andere Aufgaben zu vollbringen sind, für die kein menschlicher Mittler zur Verfügung steht. In allen diesen Fällen sind wir berechtigt, eine menschliche Form anzunehmen. Du wirst noch durch eigene Erfahrung erkennen, dass dies öfter der Fall ist, als du im Augenblick glaubst. Aber das Lehren von Geboten und Lebensregeln gehört nicht dazu. Es muss immer durch einen Mittler erfolgen, der auf der gleichen Stufe steht wie die, zu denen er spricht. Nimm einmal an, ein Engel im vollen Ornat seiner geistigen Macht wollte versuchen, einem Menschen, der gegen eine starke Versuchung ankämpft, Mut und Vertrauen einzuflößen. Er würde vielleicht Ehrerbietung und Bewunderung auslösen. Aber der Mensch, in seiner irrigen Vorstellung von Engeln, würde sich sehr bald zu fragen beginnen, was wir, die wir vermeintlich ohne Sünde geschaffen wurden und niemals die Macht der Versuchung fühlten, denn von dem täglichen und stündlichen Kampf wüssten, den die Menschen im Fleische durchzustehen haben. Im Endergebnis würde eine so tiefe Kluft zwischen den beiden zurückbleiben, dass der Engel gerade das, wofür er gekommen war, nämlich Selbstvertrauen und Stärke zu bringen, am allerwenigsten erreicht hätte. Hier setzt die Aufgabe des Propheten an, der die Eigenschaften der Erde und des Himmels zugleich in sich trägt."

„Wenn Engel schon so weit von den Menschen entfernt sind", rief ich, „dann muss Jesus Christus doch noch unendlich viele Male ferner und unfassbarer sein!"

„Nicht so, mein Freund. Du bist in Gefahr, falsche Maßstäbe anzulegen: Es gibt keine Engel außer denen, die ihren Zustand auf dem Wege über das Menschentum erreicht haben! Jakobs Vision der Himmelsleiter spiegelt die natürliche Ordnung in den Hierarchien der Engel wider; er sah sie ‚aufsteigen' *und* ‚niedersteigen'. Denn wenn sie nicht selber aufgestiegen wären, könnten sie nicht die Werke Gottes an den Menschen tun. Ich glaube ihr Wirken wird noch weit mehr Erfolg haben, wenn die Menschheit dies erst einmal begriffen hat."

„Die Vorstellung von einer einsamen Unerreichbarkeit Jesu Christi ist ein noch betrüblicheres Ergebnis falscher

Glaubensvorstellungen, das durch sein Leben und Wirken auf der Erde in keiner Weise gerechtfertigt wird. Er *ist* der gute Hirte, der inmitten seiner Herde wandert, sich um die Schwachen sorgt, die Jungen zärtlich umhegt und denen, die den Weg verlieren, nachgeht, bis er sie findet. ‚Dies ist der Wille des Vaters, der mich geschickt hat, dass ich nichts von dem verliere, das er mir gegeben hat.' – Bei der Ausführung dieses Gebotes setzt er sich so sehr mit seinen Schützlingen gleich, dass man ihn selber angreift, wenn man einen von ihnen verletzt. Und hat er nicht für die ganze Menschheit gebetet, ‚dass sie eins sein mögen, wie Du, Vater, in mir bist und ich in Dir, dass auch sie in uns eins sein mögen – auf dass die Welt wisse, dass Du mich geschickt hast und sie geliebt hast, wie Du mich liebst?' (Joh. 17, 21-23). Ist da irgendwo der Gedanke an eine isolierte Stellung Jesu Christi zu finden? Ich gebe zu, dass er während seines Wirkens auf der Erde der einzige fleischgewordene Sohn des Vaters war, aber nur in dem Sinne eines ‚Erstgeborenen unter vielen Brüdern', die alle dazu bestimmt sind, das gemeinsame Erbe anzutreten." –

„Aber lass' uns die Propheten nicht aus den Augen verlieren. Wir haben gesehen, wie Samuel den zum König gesalbten Saul eröffnete, er werde auf seinem Heimwege an einer bestimmten Stelle vom Geiste des Herrn überkommen und in einen anderen Mann verwandelt werden. Von da an geht der Strom göttlicher Eingebung mit nur geringen Abwandlungen rund tausend Jahre lang fort, bis wir zu der majestätischen Figur Johannes des Täufers kommen, der, gelenkt vom Geiste des Elias, das Kommen des Christus ankündigte."

„War Johannes eine Wiederverkörperung des Elias?"

„Nein! Er war ein Prophet, der Gaben von ganz besonderer magnetischer Kraft hatte. Elias war der Geist, der ihn im Auftrag Gottes ‚überschattete' und ‚in einen anderen Mann verwandelte'. Darum sagte Christus: ‚Elias ist schon gekommen, aber sie kannten ihn nicht.' Aber als Johannes gefragt wurde: ‚Bist du Elias?', antwortete dieser ebenso wahrheitsgemäß: ‚Ich bin es nicht.' In diesen beiden Äußerungen liegt kein Widerspruch. Christus, der durch die Erscheinungsform der Dinge hindurch bis auf ihren geistigen Kern sah, erkannte die hinter Johannes stehende Lichtgestalt des großen hebräischen Propheten; die anderen Menschen um ihn aber erkannten sie nicht."

„Ebenso wahrhaft aber war Johannes, als er, nachdem seine Predigt vorüber war, und der lenkende Geist sich zurückgezogen hatte, die Frage ‚Bist du Elias?' verneinte. Jede andere Auslegung würde die Glaubwürdigkeit eines der beiden in Frage stellen! Die große Bedeutung der Rolle des Johannes als ein Vorläufer Christi würde auch völlig verlorengehen, ohne diese Auslegung, wie du bald noch erkennen wirst, wenn ich von dem spreche, der größer als Johannes war."

„Ja bitte, sprich von ihm!", rief ich. „Verzeih' mir, wenn ich ungeduldig bin. Ich habe so lange auf einen Augenblick wie diesen gewartet!"

RHAMYA machte eine zustimmende und zugleich zur Geduld mahnende Handbewegung. Die absolute Ruhe und Bestimmtheit, mit der er sprach, stand in einem seltsamen Gegensatz zu meiner eigenen aufgeregten Wissbegierde.

„Es gibt viele Ausgangspunkte", sagte er, „von denen aus ich mit einer Beschreibung der Aufgabe Jesu Christi beginnen könnte. Aber wir wollen sie fürs erste beiseite lassen, zugunsten der einen, allerwichtigsten Frage: Wie war das wirkliche Verhältnis Jesu zu Gott und den Menschen?" Wir wollen den vielleicht günstigsten Augenblick für die Beantwortung dieser Frage hinausgreifen, als der Nazarener, zugleich mit vielen anderen, der Predigt des Johannes lauschte. Erinnerst du dich, dass Johannes bekannte, er habe Jesus gesehen, ihn aber nicht erkannt?"

„Ja. War das nicht sehr seltsam?"

„Ich will dir sagen, warum es durchaus nicht so seltsam war, und meine Antwort wird dir künftig vielleicht von gutem Nutzen sein: Gott hat in seiner Weisheit bestimmt, dass alle aktiv in einer Mission eingesetzten Helfer deren künftiges Ergebnis nicht im Voraus wissen dürfen. Solange wir an einer Aufgabe tätig sind, muss unsere Erfolgsgewissheit allein aus dem Glauben kommen, dass Gottes Segen auf unserem Vorhaben ruht. Könnten wir schon das Ergebnis voraussehen, so würden wir vielleicht versucht sein, in unseren Anstrengungen nachzulassen. Gott weiß unnötige Versuchungen von seinen Helfern fernzuhalten und senkt deshalb mit Absicht einen Schleier vor unsere Augen. Hätte Johannes den Nazarener sofort als Messias erkannt, er hätte vielleicht auch in seinen Bemühungen nachgelassen, bevor seine Aufgabe erfüllt war."

„Aber die beiden waren doch miteinander verwandt?", wandte ich ein. „Die Umstände der Geburt und Kindheit

Jesu und die Ankündigung der Engel müssen Johannes doch bekannt gewesen sein."

„Von deinem Standpunkt aus ist das gewiss ein gültiger Einwand. Aber er beweist nur, dass dieses Nicht-Erkennen rein geistige Gründe haben musste, wie ich sie dir genannt habe. Aber wir dürfen dieses Thema jetzt unbeschadet beiseitelassen. Worauf es mir allein ankam war, dir zu zeigen, dass eine gerade Linie von den Propheten bis zu Jesus Christus führte, dass Prophetie die Antwort eines lebendigen Gottes auf das Suchen der Menschheit nach ewiger Wahrheit war. Wenn die Menschen nur ihren wahren Zweck und Wert erkennten, sie wären überwältigt von der Großartigkeit der Kräfte, die Gott ihnen zur Verfügung gestellt hat. Aber ihre Gedankenlosigkeit ist sprichwörtlich: ‚Der Ochse kennt seinen Besitzer, der Esel die Krippe seines Herrn, aber Israel weiß nichts ...' – Die Juden, wie du weißt, erkannten den angekündigten Messias nicht, weil sie völlig falsche Vorstellungen von der Stellung hatten, die er einnehmen würde. Um dich vor ähnlichen Fehlern zu bewahren, wollen wir uns noch einmal überlegen, warum der Christus gerade zu diesem Zeitpunkt unter die Menschen kam und welche Mission er hatte."

„Christus war der ‚im Fleische geoffenbarte Gott'. Aber wenn ich dies und andere Zitate benutze, musst du auf der Hut davor sein, sie etwa theologisch oder dogmatisch auszulegen. Christus ist nicht Gott, aber er besaß alle Kräfte Gottes, die notwendig waren, um ihn im Fleische zu offenbaren. Er ist der Botschafter eines Königs, der sich des Dolmetschers bedient, damit der Monarch und die Untertanen sich klar verständigen können. Er handelt als Diener in Gottes Auftrag und sieht sich selber immer nur in der Rolle des Dieners. – Das Einssein mit Gott nimmt er nur kraft seiner offiziellen Eigenschaft in Anspruch. Stets zieht er dabei die Trennungslinie zwischen ‚Mein Vater und ich' und ‚Mein Vater ist größer als ich'. Die Erscheinung Jesu war nicht die eines Gottes, der sich in ihm verkörperte, um eine niedrigere Form des Seins anzunehmen, sondern vielmehr die eines in ganz hervorragendem Maße befähigten Propheten, dessen Körper für das Darinwohnen des Christus bereit war, der höchsten Offenbarung des Göttlichen, die das Fleisch aufzunehmen imstande ist. Das wirklich Außerordentliche in Jesus Christus ist daher das Emporheben eines Menschen als Beispiel für die Möglichkeit geistiger Höher-Entwicklung; das Ineinandergreifen zweier Lebensbereiche, wie wenn die steigende Flut weiter und weiter vordringt, bis sie das gestrandete Boot erreicht und mit sich in die unendliche See hinausführt. Wir hier, auf der geistigen Seite, hatten diese natürliche Entwicklung von Anfang an vorausgesehen und durch die Propheten darauf hingewiesen."

„Dann wurde Jesus geboren. Die kirchlichen Dogmen über seine Zeugung und Geburt sollen uns hier nicht interessieren. Sie widersprechen nicht nur der Vernunft, sondern auch dem Gesetz der Evolution und Gottes Weise, durch den Mund von Propheten zu sprechen, die als Söhne der Erde denselben Ausgangspunkt haben, wie die übrige Menschheit."

„Das soll jedoch nicht heißen, dass der Nazarener nicht schon im Mutterleibe für seine künftige Aufgabe vorbestimmt wurde. Gott erhörte die Gebete Marias, einer wahrhaft heiligen Frau, die von der ersten Regung in ihrem Leibe das werdende Kind als ein Geschenk Gottes ansah und gelobte, es der Gnade und dem Dienste dieses Gottes anheimzugeben. Durch ihre Gebete und ihre tiefe Frömmigkeit gab sie dem Wesen des werdenden Menschleins die charakterlichen Grundvoraussetzungen für sein späteres Wirken. Jesus ist das Höchste, was eine Mutter durch Gebete, Fühlen und Denken in ihrem Kinde hervorbringen kann. Ein Mann mag sich seiner geistigen Fähigkeiten rühmen, aber nur eine Frau kann den lebendigen Tempel für ein heiliges Wesen schaffen. In der Tat stimmte der Himmel einen Jubelgesang an, als er diesen Tempel Gottes im Werden sah, und die Engel Gottes umhegten Mutter und Kind."

„Jesus war ein Prophet von Anbeginn. Durch seine ganze Kindheit und Jugend lag die göttliche Erleuchtung sichtbar auf ihm. Denke nur an Jerusalem, wo sich die Gelehrten und Rabbiner über seine Weisheit und sein Wissen verwunderten. Es ist ganz natürlich, dass er sich unwiderstehlich von Johannes dem Täufer angezogen fühlte, als dessen Mission begann. Wie wurde sein Herz angerührt, als er den Ruf des Propheten hörte, ein gerechtes Leben zu führen und sich Gott in einer Weise zu ergeben, wie sie der formgebundene Tempeldienst niemals zuwege bringen konnte. Gebannt lauschte er jedem Wort, bis die innere Versenkung zur klaren Vision wurde, in deren Glanze er geblendet und sprachlos stand. Er sah den hoffnungslosen Kampf der Menschheit gegen die Kräfte der Finsternis, hörte die ungezählten qualvollen Hilferufe aus den Tälern des Todes, vernahm den tausendfachen Schrei nach dem Erretter. Er sah die himmlischen Scharen bereitstehen, unfähig zu helfen, weil es an einem allmächtigen Propheten fehlte, der den Menschen das entscheidende Wort bringen würde. Und aus dem Unsichtbaren hörte er die Frage: ‚Wen soll ich senden?'. In diesem Zustand warf sich die Seele des Nazareners mit einem einzigen, alles opfernden Sprung vor Gott und rief: ‚Hier bin ich, sende mich! Und durch mich, was es auch kosten möge, lass Deinen Willen geschehen auf Erden, wie er im Himmel geschieht!'.

„Wir wissen, das dann geschah. Sein Gelöbnis wurde von Erde, Himmel und Hölle angenommen, als ‚sich der Himmel auftat und er sah den Geist Gottes wie eine Taube herabsteigen und über ihn kommen. Und siehe, es kam eine Stimme vom Himmel, die sprach: ‚Dies ist mein geliebter Sohn, an dem ich Wohlgefallen habe!'. So erfolgte diese zweite Geburt, zu der Christus später die Welt aufrief, eine Geburt, bei der Jesus, der Prophet von Nazareth, zu Jesus Christus wurde."

WERK UND LEHRE CHRISTI

RHAMYA hielt inne, um mir Gelegenheit zu geben, das Gesagte zu durchdenken. Mir schien, als stünden meine Füße noch im Dickicht des Unwissens und Irrtums, während meine Augen bereits klar die Umrisse der geraden Straße zur Wahrheit erkennen konnten, die reichlich mit Wegweisern und Warntafeln für alle versehen ist, die Augen haben, zu sehen.

Von allen Erlebnissen im Jenseits war diese Begegnung mit RHAMYA für mich in seltsamer Weise die ergreifendste. Ich war in Gefilde geführt worden, deren Vorhandensein ich noch nicht einmal vermutet hatte und die gänzlich unerwartete Offenbarungen bargen. Es war ein verzaubertes Land, das mit jedem Schritt, den ich vorantat, neue Sinne zu wecken schien, gleichzeitig aber ein Gefühl beseligender Erwartung des Unbekannten, das der nächste Schritt eröffnen würde.

Ich war dankbar für die Gesprächspause, und doch wartete meine Seele ungeduldig auf den Weiterflug. Ich kam näher zu Christus! So viel näher als jemals zuvor, dass ich gewünscht hätte, mich ihm zu Füßen zu werfen und mit dem überzeugten Thomas auszurufen: „Mein Herr und mein Gott!“

RHAMYA wartete geduldig, bis die Pause beseligender Erwartung ihre volle Wirkung getan hatte. Dann fuhr er fort: „Du wirst jetzt in der Lage sein, das wunderbare Ineinandergreifen des Menschlichen mit dem Göttlichen, durch das

Gott in Jesus Christus die Versöhnung der Welt mit sich selbst vollbrachte, ein wenig näher zu betrachten. Zuvor aber merke wohl: Es war und ist das ganze und einzige Ziel des Werkes Christi, die Welt mit Gott zu versöhnen, niemals aber, Gott mit der Welt zu versöhnen, also ihn etwa namens und zugunsten der Welt zu beeinflussen. Diese Grundvoraussetzung darfst du nie aus den Augen verlieren!"

„Die Hauptschwierigkeit auf dem Weg zu diesem Ziele war auf der irdischen Seite, der Zweifel, ob der Mensch wirklich unsterblich sei. Und gerade hier war der Priester leider ebenso unwissend wie der Laie oder der Heide. In der Tat ist weder der Priester noch der Gelehrte gerüstet, diesen Jordan zu durchschreiten und aus dem Lande vom jenseitigen Ufer Kunde zu bringen, die den Zweifel überzeugend beseitigt:

‚Sie stehen säumend und zitternd am Ufer
und fürchten die Fahrt'.

„Wo die Gelehrsamkeit versagt, hat Gott die Propheten eingesetzt und als ihren größten Jesus, durch den der Christus kam, um Leben und Unsterblichkeit ans Licht zu bringen. Er brachte ein immerwährendes, nicht unterbrochenes Leben oder vielmehr, er zeigte uns, dass ein solches Leben das natürliche Erbe der gesamten Menschheit ist. Diese Offenbarung war das von Gott gesetzte Ziel, auf das alle Prophetie von Anfang an zustrebte. Jesus endlich bot die Voraussetzungen zu seiner Verwirklichung, zum Messias, und auf ihn senkte sich der Christus Gottes herab. Ich will versuchen, dir das Wesen dieser doppelten Persönlichkeit noch etwas näher zu erklären."

„Darf ich dich zuerst bitten", unterbrach ich meinen Begleiter, „mir die Beziehung zwischen Christus und dem Gottwesen etwas aufzuhellen?"

„Ich kann dir etwas darüber erzählen", antwortete er, „aber du wirst es kaum verstehen, denn es geht hier um eine so außerordentlich hohe Lebenssphäre, dass ich selbst nur wenig von ihr weiß und du zur Zeit gar kein Vorstellungsvermögen dafür hast. Selbst wir werden diese Dinge erst klar verstehen, wenn wir unseren eigenen Entwicklungsstand so erhöht haben, dass wir sie erreichen können. Dennoch, vielleicht kann ich das eine sagen: Der Name Christus bezieht sich mehr auf eine Gemeinschaft als auf ein Einzelwesen. Diese Gemeinschaft ist ein Kreis aus den größten Seelen hochentwickelter Kulturwelten, zu denen die Erde noch nicht gezählt werden darf und zugleich eine Art Nachhut für Welten, die eine noch höhere Daseinsstufe erreicht haben, welche auch über mein eigenes Vorstellungsvermögen weit hinausgeht."

„Das Ideal, nach dem dieser Christus-Kreis strebt, ist die Vereinigung vieler Welten in dem Gemeinschaftsgeist einer neuen Ordnung, mit der die göttlichen Eigenschaften besser zum Ausdruck kommen. Aber das Streben dieses Christus-Kreises kennzeichnet auch, dass seine Mitglieder nicht von der Stufe absoluter Vollkommenheit ausgehen. Es wird gut sein, wenn du bei der Beurteilung des Verhältnisses zwischen Christus und Jesus von Nazareth daran denkst; es wird dir als ein Schlüssel zu vielen Äußerungen Jesu dienen, die dir sonst unklar bleiben müssten."

Nach einer kurzen Pause fuhr er fort: „Das Ideal, das Jesus Christus seiner Kirche vorschreibt, nämlich ‚dass sie alle eins sein mögen', entspricht der natürlichen geistigen Atmosphäre, in der er wohnt. Es ist nicht etwa ein Gebet für die Einswerdung aller Einzelseelen, das wäre unmöglich. Gemeint ist vielmehr eine geistige Gemeinschaft, wie sie bei Gott-Vater sein muss und von dem Jesus sagt: ‚Er ist viel größer als ich'. Es wäre leicht, zahlreiche solcher Äußerungen des Meisters anzuführen, aber ich glaube, dass dies im Augenblick für uns nicht nötig ist."

„Bitte erlaube mir noch eine Frage", warf ich ein. „Du führst die Heilige Schrift so häufig an, dass ich gerne wissen möchte, welchen Grad an Autorität du ihr beimisst."

„In allem, was ich sage", antwortete RHAMYA mit Nachdruck, „lasse ich mich von dem Gedanken leiten, dass du auf deine künftige Mission zur Erde vorbereitet werden sollst. Andernfalls würde ich alle diese Fragen von einer viel höheren Warte aus behandeln und meine Erläuterungen aus Quellen schöpfen, die für uns noch viel befriedigender sind. Das aber würde bei deinem Vorhaben nicht helfen können. Deshalb richte ich mich mit meinen Worten nur nach deinen eigenen Bedürfnissen. Wir dürfen ja nicht vergessen, dass viele Menschen, mit denen du in Verbindung treten wirst, das erste Mal etwas über die lebendige Gemeinschaft zwischen den beiden Lebenszuständen hören. Dabei werden sie sich mit den auf der Erde anerkannten orthodoxen Auslegungen der Bibel auseinanderzusetzen haben. Deshalb kommt es mir vor allem darauf an, dir vor Augen zu führen, dass diese strenggläubige Auslegung im Widerspruch zu der viel überzeugenderen und folgerichtigen Offenbarung steht, die in der gleichen Heiligen Schrift verborgen ist."

„Du weißt, dass wir die guten Seiten der Kirchen anerkennen und durchaus würdigen, da sie trotz ihrer zahlreichen Irrtümer in der weltlichen Sphäre einen bedeutsamen Dienst für die Menschheit geleistet haben und leisten, und dass sie der Ausgangspunkt für zahllose Heilige waren, die sich über ihre eigene Umgebung erhoben. Deswegen streite ich nicht mit den Dogmatikern, sondern lege einfach die Wahrheit dar, wie ich sie selber kenne. Die Heilige Schrift benutze ich dabei einfach als eine Sammlung historischer Dokumente, die eine Fülle von Ereignissen wiedergeben, an denen wir das bestätigt finden können, was uns in diesem Falle interessiert. Aber ich behalte mir das Recht vor, nach meinem eigenen Wissen und meiner Vernunft, jeweils gewisse Bibelstellen anzunehmen oder abzulehnen. Es kann keinen anderen Standpunkt geben, besonders wenn wir es mit Dokumenten zu tun haben, die oft eine so doppelzüngige Sprache reden."

„Du weißt auch", fuhr RHAMYA fort, „dass die Menschen ständig Manuskripte und Bücher bearbeiten, auslegen und verschieden übersetzen, ganz wie ihre eigene Überzeugung es ihnen nahelegt. Die Bedeutung von Worten und Ausdrücken wechselt. Allen diesen Einflüssen, die es zu allen Zeiten gegeben hat, sind auch jene Äußerungen unterworfen, für die wir die denkbar höchste Autorität zu haben glauben. Deswegen hat der lebendige GOTT als sein erstes und wichtigstes Instrument die Propheten gewählt: ‚Du wirst eine Stimme hinter dir hören, die sagt, dies ist der

Weg'; ‚Er wird dich in die Obhut seiner Engel geben, um dich auf allen deinen Wegen zu bewahren'; ‚Ich werde dich niemals verlassen oder aufgeben'; ‚Siehe, ich bin immer bei dir, selbst bis ans Ende der Welt'. Diese und andere Äußerungen durch die Lippen der Propheten sind unendlich stärker in Übereinstimmung mit dem Geist der Gott-Vaterschaft als tausend Bezugnahmen auf das geschriebene Wort. Dies ist der Gesichtspunkt, von dem aus ich die Heilige Schrift benutze. Sie hat einige der Eingebungen der Vergangenheit für uns festgehalten und ermöglicht uns, gewisse Entwicklungsrichtungen zu verfolgen. Sie gibt uns die äußeren Umrisse und ein menschlich gezeichnetes Bild des Christus, das trotz seiner Unvollkommenheiten und seines mangelnden Verständnisses der Beziehung Jesu Christi zu Gott und den Menschen gewiss nicht der Schönheit entbehrt. Letztenendes kann die Schrift aber immer nur die äußere Form des Gotteswirkens wiedergeben. Sein Leben, seine Kraft und Stärke, seine Eingebung können nicht durch ein lebloses Dokument vermittelt werden. Diese Dinge sind Geist, sie sind Leben und müssen deshalb notwendigerweise durch lebendige Boten Gottes getragen werden. Mit anderen Worten: Ich benutze die Heilige Schrift um des Guten und Nützlichen willen, das ich in ihr finde. Und ich nutze meinen Verstand, um die Spreu vom Weizen zu sondern. Wer sich auf diese Weise ehrlich bemüht, kann nicht fehl gehen. Ich hoffe, ich habe mich klar ausgedrückt?"

„Durchaus. Ich hoffe nur, dass meine ständigen Fragen dich nicht allzu sehr stören."

„Ganz und gar nicht. Sie sind natürlich und notwendig für deine Unterweisungen und helfen mir sogar, denn bei jeder Antwort stoße ich noch auf ein verwandtes Problem, das für dich wichtig sein könnte. Zum Beispiel können wir, da wir gerade über die Bibel sprechen, vielleicht an dieser Stelle erst einmal prüfen, was sie über die Lehre und das Werk Christi zu sagen hat: Wenn du die Evangelien völlig unbefangen das erste Mal studieren würdest, so würdest du vermutlich zu Auffassungen gelangen, die von den Lehren der Kirchen sehr verschieden sind. Bei seiner Lehre nahm Christus genau dieselbe Stellung ein, wie ich sie jetzt dir gegenüber einnehme. Es wäre ihm ein Leichtes gewesen, eine gelehrte Sprache mit philosophischen Erläuterungen zu benutzen und sich auf höhere Quellen zu beziehen. Aber hätte er das getan, so wäre das Ergebnis wohl ein noch hoffnungsloseres Missverstehen gewesen. Den Beweis dafür gibt uns ein Gespräch mit Nikodemus, der als ein Führer und Lehrer des Volkes doch sicher Verständnis für geistige Dinge gehabt haben sollte. Aber selbst an ihn richtet Christus die Frage: ‚Glaubet ihr nicht, wenn ich euch von irdischen Dingen spreche, wie könntet ihr glauben, wenn ich von den himmlischen Dingen spräche?' (Joh. 3,12)."

„Der Meister", setzte er fort, musste seine Lehre ständig nach der geistigen Dunkelheit richten, die die Menschen umgab, um sein Licht leuchten zu lassen. Deshalb sprach er nie über theologische Dinge, obwohl er dies mit der größten Autorität hätte tun können. Aber es wären nur, um sein eigenes Gleichnis zu brauchen, *vor die Schweine geworfene Perlen gewesen.* Die Menschen, unter dem Einfluss des Fleisches stehend, können keine leidenschaftslose und rein geistige Vorstellung von dem Charakter, der Vollkommenheit und den Zwecken Gottes haben, der ein Geist ist und deshalb notwendigerweise nur in dem schattenlosen Licht verstanden werden kann, das in der Region der vollkommenen Wahrheit von ihm selbst ausgeht. Christus fand ein Geschlecht von Kindern vor, das sich mit derselben Frage plagte, der es auch heute noch nachjagt: *Was ist Wahrheit?* Völlig richtig verkündete er deshalb seine Lehren, wie man einer Kinderklasse die Grund-Lehren durch bildliche Vergleiche und andere Gleichnisse verständlich macht. Erst seine Nachfolger konnten diese Lehre allmählich ausbauen, und dies wird andauern, bis die helfenden Engel Gottes eines Tages die ganze Menschheit zur Wahrheit geführt haben werden. Christus begann damit, aus der kindlichen Geistesart, die er vorfand, die verwirrenden Vorstellungen über Jehova zu entfernen und an ihre Stelle das Bild eines Vaters zu setzen, den die Kinder als ein gütiges, edles und sorgendes Wesen sehen konnten. Ein Wesen, das unendlich besser war, als ein menschlicher Vater es jemals sein konnte; mehr noch ein Wesen, das, obwohl es selbst unsichtbar blieb, alles hörte, sah und wusste, was die Menschen taten und sogar dachten."

„Christus kannte den Vater, und wenn die Kinder zu ihm das ‚Vater unser, der du bist im Himmel' beteten und ein Leben führten, wie Jesus Christus es ihnen vorlebte, dann musste das Gebet erhört werden. Während seines Lebens, das ein Beispielleben war, fasste der Meister die Aufgabe des Menschen immer wieder in einem einzigen Satz zusammen:

‚Was immer ihr wollt, das euch die Menschen tun sollen, also tut auch ihr ihnen; denn dies ist das Gesetz und die Propheten'. Wenn diese Regel wörtlich befolgt oder ehrlich erstrebt wird, dann braucht sich kein Kind Gottes zu scheuen, an sein Gebet hinzuzufügen: ‚Vergib mir meine Schuld, wie ich meinen Schuldigern vergebe'."

„Lehrte er nicht auch: ‚Du sollst den HERRN, deinen GOTT von ganzem Herzen lieben'?", fragte ich.

„Gewiss! Aber die Liebe zu Gott soll der Liebe zum Menschen nicht vorausgehen, sondern deren natürliche Folge sein. Wenn ein Mensch nicht seinen Bruder liebt, den er gesehen hat, wie kann er GOTT lieben, den er nicht gesehen hat?" –

„In seiner Menschlichkeit stellte Christus das Tor dar, durch das allein der Weg in das höhere, wahrhaft geistige Leben führt. Und wer immer einen anderen Weg zu gehen versucht, ‚der ist ein Dieb und ein Räuber'. Merke, wie genau Christus das Gebot niederlegt: ‚Wenn du deine Gabe zum Altar bringst und dich dort erinnerst, dass dein Bruder Unrecht an dir getan hat, lass deine Gabe am Altar und gehe fort; versöhne dich erst mit deinem Bruder und dann komm und biete deine Gabe dar'. Der Schlüssel zum Königreich des Himmels ist das gerechte Verhalten zum Mitmenschen. Christus hat diese Lehre in seiner Bergpredigt, in seinen Gleichnissen, im Gebet und durch jede Art seines Wirkens bekraftigt. Er kam, um die Welt vor den unvermeidlichen Folgen der Sünde zu retten. Der Weg zu dieser Rettung führt über die Buße zu einem neuen, gerechten Leben. Aber die Bußfertigkeit gegenüber GOTT kann nur durch Buße gegenüber den Menschen und Versöhnung mit ihnen bewirkt werden. Zachäus wurde gerettet durch seine Buße und dadurch, dass er vierfach das zurückgab, was ungerecht erworben worden war. ‚Wenn du vollkommen sein willst, gehe und verkaufe was du hast und gib den Armen, und du sollst einen Schatz im Himmel haben; komm und folge mir.' Der Instinkt der Selbstsucht ist im Menschen ausgesprochen schädlich."

„Können wir einmal annehmen, dass eine Verkörperung wie die des Christus nicht stattgefunden hätte? Was wäre dann das Schicksal der Menschheit gewesen?"

Mein Lehrer lächelte als er meine Frage hörte. „Eine solche Annahme wäre unmöglich zu verwirklichen. Da eine Menschheit bestand, war das Kommen des Christus ein ebenso unvermeidliches Ereignis wie das Folgen des Abends auf den Morgen. Es wäre müßig zu versuchen, den Mittag aus dem Tage fortzunehmen; ebenso wenig kann man sich Christus aus der Entwicklung des Menschengeschlechtes fortdenken. Es ist eine natürliche Stufe in der göttlichen Ordnung der Aufwärtsentwicklung. Sein Erscheinen ist nicht ein Eingriff um die Wirkung eines vermeintlichen Sündenfalls zu berichtigen. Christus steht in keiner Verbindung mit irgendeinem Plan, der Eingriffe oder Korrekturen nötig macht: Sein Kommen war vielmehr die gesetzmäßige Offenbarung eines notwendigen Schrittes auf dem Wege der Rückkehr der Schöpfung zu GOTT. Aber dies beantwortet nicht den wahren Kern deiner Frage, der lautet: Wäre Jesus Christus nicht gekommen, würde das Menschengeschlecht dann verloren gewesen sein? Die Antwort ist NEIN! Gott ist auf keine besondere Handlungsweise festgelegt, um seinen vorgefassten Plan zu erfüllen. Denn wollte man einen solchen bestimmten Weg annehmen, so würde man damit behaupten, dass ER in seinen Möglichkeiten begrenzt und damit endlich sei. Aber solange wir uns nicht auf Spekulationen über das Wesen Gottes einlassen, das weder du noch ich verstehen, habe ich volle Autorität für all das, was ich gesagt habe, wie aus dem Zustand der Seelen erkennbar ist, die vor dem Kommen Jesu ins Jenseits hinübergingen."

„Waren diese Seelen nicht gewissermaßen im Gefängnis?", fragte ich.

„Lass uns sehen, was die Heilige Schrift sagt", antwortete RHAMYA, „denn in allem, was ich jetzt sage, stütze ich mich auf diese Schrift. In dem Gleichnis von Lazarus und dem reichen Mann spricht Christus von Abrahams Schoß als einen Ort des Trostes, Ausgleichs und Segens für den früheren Bettler. Und als Jesus verklärt war, erschienen ihm Moses und Elia ‚im Glanze'. Wenn nun Abraham, Moses, Elia und der Bettler Lazarus nicht im Tal des Todes gefangen gehalten wurden, sondern vielmehr im Glanze waren, dann muss daraus folgen, dass es ein Gefängnis, wie du es nennst, nicht gegeben haben kann. Gott ist Liebe, und das Wesen der Liebe ist, dem Geliebten alles nur erdenklich Gute zu tun und es vor dem Bösen, soweit als möglich, zu schützen. Nun liebte GOTT die Welt so sehr, dass ‚ER ihr SEINEN eingeborenen Sohn gab –, dass die Welt durch ihn gerettet werde'. Sie sollte gerettet werden von den Folgen des Übels, das so eng mit der menschlichen Natur verbunden ist. Das Herniedersteigen des Christus war der Ausdruck der gottväterlichen Sorge um das Wohlbefinden seiner Kinder. Sie, seine Kinder, mussten letzten Endes IHN erreichen. Aber die Liebe sinnt nach Mitteln, um eine schnellere Erfüllung ihres Herzenswunsches zu erreichen. Und so kann GOTT das nicht der langsamen Entwicklung überlassen, was sich rascher durch das Mittel der Gnade bewerkstelligen lässt. Dieser Aufgabe dient das Werk Jesu Christi. Denn er offenbarte uns ein moralisches Gesetz, durch das jeder, der an das Gesetz glaubt und es zu seiner Lebensregel macht, geistig und seelisch Erlösung findet."

„Bisher habe ich mich darauf beschränkt", fuhr RHAMYA fort, „die Lehre Christi als ein Gesetz für das menschliche Leben zu erklären. Aber kein weiser Herrscher, kein liebender und zärtlicher Vater befiehlt irgend etwas ohne guten Grund dafür zu haben. Wir haben also jetzt festzustellen, warum dieses von Jesus Christus neu verkündete Gesetz herausgestellt wurde. Ich habe schon von der ewigen Frage der Menschheit gesprochen, die da heißt: ‚Wenn ein Mensch stirbt, wird er weiterleben?' Das Kommen Christi ist Gottes Antwort darauf. Durch sein Leben hat der Nazarener uns gezeigt, wie die der Liebe Gottes entspringende Erbschaft von den Menschen voll angetreten werden kann. Jesus Christus war in jeder Weise befähigt, diesen Auftrag zu erfüllen, denn er hatte dieselbe Entwicklung wie alle seine Mitmenschen durchgemacht, dabei aber einen geistigen Zustand erreicht, der weit über den irgendeiner anderen Seele hinausreichte. Dennoch stand er nicht so weit entfernt, dass er die Schwächen des Fleisches nicht hätte verstehen können. Von seinem gehobenen Standpunkt aus vermochte er die Botschaft Gottes allen Menschen zu verkünden, die sie begreifen konnten. Am Ende seiner Mission musste er seinen Schülern sagen, dass noch viele Offenbarungen unausgesprochen bleiben mussten, da sie sie nicht verstanden hätten."

„Jesus Christus brachte die für ihn geltende Lebensregel mit genialer Kürze auf einen einzigen Satz, der so einfach ist, dass ihn ein Kind versteht und der nicht oft genug wiederholt werden kann: *‚Was immer ihr wollt, dass die Menschen euch tun sollten, das tuet ihr auch ihnen; denn dies ist das Gesetz und die Propheten.'* Und er begründet diese Regel nicht etwa nur mit religiösen oder gesellschaftsmoralischen Überlegungen, sondern spricht aus seiner eigenen intimen Kenntnis eines unerbittlichen Gesetzes: *‚Denn das Maß, mit dem ihr messet, mit dem soll auch euch gemessen werden.'* Er zeigt uns, dass jeder, der diese natürliche Regel von Ursache und Wirkung in seinem Leben beachtet, vertrauensvoll vor seinen Vater treten kann, damit ihm vergeben werde, wie er anderen vergeben hat."

„Die Menschen begreifen vielleicht nicht, welchen unerhörten Wert Christus dem Charakter beimisst, denn sie vergessen nur allzu leicht, dass er von der unsterblichen Seite des Lebens aus sprach, dass der Tod für ihn nur ein vorübergehendes Ereignis war und er den Schleier des Jenseits nach Belieben beiseite schieben und ein- und austreten konnte. Christus konnte von der Erde aus das schattenlose Licht des ewigen Tages erblicken. Dieses Licht ließ er auf das unausgewogene Konto des menschlichen Lebensjournals scheinen."

„Achte bitte darauf", fuhr RHAMYA fort, „wie sehr Christus das eherne Gesetz von Ursache und Wirkung betonte, als er dieses Licht Gottes auf die Menschheit scheinen ließ. Wohl liegen viele Tage und Nächte zwischen dem Säen und dem Ernten. Was aber der Mensch im Frühjahr sät, das wird er im Herbst ernten. Äußere Anzeichen gelten dabei nicht; der Ausgestoßene und Aussätzige ist ein Gefäß, in dem das göttliche Juwel ebenso ruht wie in jedem anderen. Die Redewendung von den ‚Erniedrigten und Beleidigten' ist auf der Erde streng wörtlich genommen worden, aber worauf es Jesus ankam war, dass vor dem Thron Gottes jedes Bröcklein der Menschheit aufgesammelt werden muss, damit nichts verloren gehe, auf dass der König sagen könnte: ‚So ihr es dem Geringsten von diesen getan habt, meine Brüder, so tatet ihr es mir.' – Dieses Gesetz der Reinheit des Lebens, das keine feierlichen Handlungen und keine Priester erfordert, sondern in dem nur Gott und die Seele des Menschen eine Rolle spielen, musste zu Lebzeiten Jesu notwendigerweise zu einem Zusammenstoß mit den irdischen Gewalten führen. Niemals gab Jesus Christus auch nur für einen Augenblick eine einzige seiner geistigen Forderungen an seine Verfolger preis, und Gott benutzte ihren Zorn nur zu seinem eigenen Ruhm. In aufeinanderfolgenden Stufen, die von unserem Standpunkt im Jenseits aus klar zu übersehen sind, führte Jesus Christus seine Mitmenschen zu jener großen und entscheidenden Bekundung, für die er gekommen war; das Leben und die Unsterblichkeit durch die Auferstehung zu beweisen. Hast du jemals bemerkt, wie diese Beweisführung erfolgt ist?"

„Nein", antwortete ich, „ich verstehe kaum, was du damit sagen willst."

„Lass mich dir helfen, indem wir kurz einige Tatsachen beleuchten. Das Ziel der Mission Jesu Christi war, wie wir sehen, die Gewissheit des Lebens nach dem körperlichen Tode zu verkünden und unter Beweis zu stellen. ‚Ich bin gekommen', sagte er, ‚auf dass ihr Leben haben möget und es im Überfluss haben mögt!' Die Vermutung, ja die Hoffnung auf die Wahrheit einer solchen Botschaft war das größte ungelöste Problem aller Zeitalter. Jesus Christus war mit dem ausdrücklichen Auftrag gesandt worden, es zu lösen. War er darin erfolgreich, so würde sich auch der Zweifel darüber klären, ob der Mensch ein doppeltes Wesen, aus Körper und Seele sei. Jesus Christus würde bewiesen haben, dass er berechtigt war, über die im Reich Gottes geltenden Gesetze zu sprechen. Solange der Beweis, dass der Mensch tatsächlich nach dem Tode als dieselbe bewusste und mit Intelligenz begabte Persönlichkeit weiter besteht, nicht sichtbar geführt war, waren alle anderen Fragen von zweitrangiger Bedeutung. Das alte prophetische Richtmaß würde zu gelten haben, denn wenn der Prophet im Namen des HERRN redet, und es wird nichts daraus und kommt nicht, so ist es das Wort, das der Herr nicht geredet hat."

„Von dem Augenblick an, da der Christus auf den Nazarener herniederging, war jener ein anderer Mensch geworden. Alte Dinge waren vergangen und alle Dinge wurden neu. Neue Kräfte wurden in ihm sichtbar, neue Verhaltensweisen und neue Kräfte der Erkenntnis; alles wurde neu. Sein Verhältnis zur übrigen Menschheit hatte sich geändert. Er sprach jetzt als einer, der wahre Autorität hat. Vielleicht kommt dies nirgends besser zum Ausdruck als in seiner Haltung gegenüber den Verwandten Jesu. Der Christus weigerte sich, an eine Blutsverwandtschaft gebunden zu sein: ‚Weib, was habe ich mit dir zu schaffen?'. Oder anderweitig: ‚Da sprach einer zu ihm, siehe deine Mutter und deine Brüder stehen draußen und wünschen mit dir zu reden. Er aber antwortete: Wer ist meine Mutter und wer sind meine Brüder? Und er reckte seine Hand aus über seine Jünger und sprach: Siehe da, dies sind meine Mutter und meine Brüder! Denn wer den Willen tut meines Vaters, derselbe ist mein Bruder, Schwester und Mutter!' (Matth. 12, 47-50).

„Von Anbeginn an nahm Christus einen geistigen Standpunkt ein und lebte das, für das er betete: ‚Dein Wille geschehe auf Erden wie im Himmel'. Ein solcher Standpunkt, der so weit von der leeren Förmlichkeit der eingesessenen Religion entfernt war, musste auf Widerspruch stoßen. Bald bedrängten ihn deshalb die Kritiker, die wissen wollten mit welcher Autorität er spreche und seine Werke tue. Die Antwort Jesu Christi sollte uns klar sein eines großes Ziel verständlich machen. Er war bereit, das Urteil über sich vom Beweis der Auferstehung abhängig zu machen: ‚Was für ein Zeichen zeigst du uns, da du solches tust?' Jesus antwortete und sprach zu ihnen: ‚Brechet diesen Tempel ab, und in drei Tagen will ich ihn neu aufrichten.' Da sprachen die Juden: ‚In sechsundvierzig Jahren ist dieser Tempel erbaut worden, und du willst ihn in drei Tagen wieder aufrichten?' – Er aber redete vom *Tempel seines Leibes.* (Joh. 2, 18-21).

„Während seiner ganzen Mission auf Erden lenkte Jesus Christus die Augen der Menschheit auf die Stunde des Wiedererwachens. Seine Lehren sind voll Hinweisen auf die

Ernte des Lebens, die gesammelt und eingebracht werden muss; seine Gleichnisse sind voll von Warnungen, auf die Saat zu achten, da die Ernte nach eben dieser Saat ausfallen werde. Und zwischen den Zeilen jeder seiner Erläuterungen mögen wir die alles umfassende Bedeutung des Gesetzes erkennen, das uns nach unseren Taten vergilt. Während Christus wirkte und predigte, lebte er selbst das Beispiel-Leben, zu dem er die Menschen aufruft: ein Leben, das uns in dieser Welt die Verbundenheit mit Gott und die besten Vorbedingungen für die nächste Welt schafft. Lass uns ihm auf dem Pfade seiner Werke bis zu ihrer Krönung folgen. Er begann damit, die Überlegenheit des Geistigen über das Körperliche durch die Heilung von einfachen Krankheiten zu zeigen, um dann zu den Gebrechen mehr chronischer Art voranzuschreiten. Bald hören wir, wie er eilig an das Bett der Tochter eines Fremden gerufen wird, die im Sterben liegt. Während er zu den Anwesenden spricht, lässt er zu, dass das Mädchen den Lethefluss überquert, holt sie aber fast unverzüglich zurück und übergibt sie gesund an ihre verwirrten Eltern. Endlich hatte Christus den Gegner getroffen, den zu zerstören er gekommen war; er hatte dem Tod in den Arm gegriffen, ihn besiegt."

„Das nächste Mal", setzte RHAMYA nach einer kurzen Pause fort, „trifft er seinen Gegner vor den Toren der Stadt Nain. Hier hätte der Tod wohl seiner Beute sicher sein mögen, denn der Trauerzug mit der Mutter an der Bahre ihres Sohnes nahm bereits seinen Weg zum Begräbnisplatz. Christus aber trat hinzu und sprach: ‚Jüngling, ich sage dir, steh auf!', und der Tote setzte sich auf und fing an zu reden und er gab ihn seiner Mutter (Luk. 7, 11-17). Beim dritten Mal hatte sich das Grab bereits mit dem Tode verbündet, um den schlafenden Lazarus fortzunehmen. Umsonst: *Christus ist die Auferstehung und das Leben! Alle Macht ist ihm gegeben!* Und darum kommt der ‚Tote' auf seinen Befehl ins Leben zurück. Bedurfte es noch größerer Taten, um die Wahrhaftigkeit der Lehre Christi zu beweisen? Trotzdem, die letzte und entscheidende Probe stand noch bevor. Aber zunächst lass' uns sicher sein, dass wir wirklich verstehen, was Christus uns offenbarte."

„Jesus von Nazareth, ein Mann, der das Wohlgefallen Gottes besaß, hatte sich uneingeschränkt seinem Gott zur Verfügung gestellt, auf dass dieser durch ihn die große Frage beantworten möge, die die Menschheit bewegte. Jesus war *in allen Punkten* ein Mann wie jeder andere, außer in der grenzenlosen Hingabe für die Sache, der er diente. Wäre er anders gewesen, nicht ein Menschensohn, sondern unter übernatürlichen Bedingungen geboren oder gezeugt, wie die Konzile der Menschen gefolgert haben, alle seine Taten wären nutzlos gewesen. Denn sie hätten in keiner Beziehung zur Errettung der übrigen Menschheit gestanden, die unter alltäglichen Bedingungen zur Welt gekommen war." –

Nach einer kurzen Unterbrechung sprach RHAMYA weiter: „Gerade die irrige Vorstellung von Jesus Christus und seiner weltbewegenden Aufgabe macht ihn für viele Menschen so fern und unzugänglich. Jesus war ein Mensch, der in allen Dingen, ebenso wie andere Menschen, versucht wurde. Er war aus der großen Bruderschaft der Menschheit auserwählt worden, weil er durch die Gebete einer gottergebenen Mutter und sein geistiges Streben die Voraussetzungen dazu bot, der höchste Diener Gottes zu sein. Auf diesen Menschensohn, diesen Körper, der als Tempel für das Darinwohnen des Geistes des HERRN bereitet war, stieg der Christus hernieder und bewies der Welt durch viele Werke, dass der Mensch in der Lage ist, in eine Gemeinschaft mit Kräften jenseits der Materie emporgehoben zu werden und Wissen weit über die Grenzen der Schulweisheit hinaus zu besitzen und Dinge zu tun, die ihm das materielle Universum untertan machen. Dieser innewohnende Christus, der der Menschheit erstmals durch Jesus von Nazareth offenbart wird, verschmilzt das Menschliche mit dem Göttlichen und führt die geistige Entwicklung in ein neues Stadium: Er wird der Adam einer edleren Rasse. Denn obwohl er der Erstgeborene ist, so ist er doch nur das Vorbild dessen, was die Menschheit künftig sein soll, wenn sie das Erbe angetreten hat, das bereits das seine ist. Dieser Erstgeborene besiegte den Tod und trug die Schlüssel zum ewigen Leben in die Region der Unsterblichkeit, die uns allen offen steht. Zu diesem letzten Kampf und *Sieg Jesu* will ich dich jetzt führen."

TOD UND AUFERSTEHUNG

„Warum betonst du den Namen Jesus ganz besonders?“, fragte ich RHAMYA.

„Weil es sehr wichtig ist, dass du jetzt genau zwischen den beiden Persönlichkeiten unterscheidest, da sie im Begriff sind, sich wieder voneinander zu trennen. Der Christus wurde nicht geboren; er kam auf Jesus bei dessen Taufe hernieder. Ebensowenig konnte der Christus, der über ihn kam, sterben. Deshalb stieg er, nachdem er sein Werk vollendet hatte, vor der Kreuzigung wieder auf. Es wäre für die Menschen ebenso wertlos gewesen, wenn der Christus den Tod erlitten hätte, wie die Wundergeburt des Jesusknaben hätte wertlos sein müssen. Was der Mensch zu wissen begehrte war, ob es ein Leben nach dem Tode gab, nicht, ob ein Unsterblicher, der durch eine Art Tod ging, der für ihn ja keine Wirklichkeit hätte haben können, nachher noch am Leben sei.

„Werk und Lehre Jesu Christi sollten eine unmissverständliche Antwort auf diese große Frage geben und zur gleichen Zeit den Menschen zeigen, wo der beste Weg der Vorbereitung für sie lag. Während dieses Lebens, ein Leben als Beispiel für die ganze Menschheit, wirkte Christus mit Jesus zusammen; dann aber zog sich der Christus zurück. Es war Jesus und nicht der Christus, der in Vorbereitung für dieses Leben verklärt wurde, als Moses und Elias auf dem Berge erschien, um mit ihm vom Tode zu sprechen, durch den er würde hindurchgehen müssen, um den Sieg zu erringen. Die beiden Propheten hätten es nicht nötig gehabt, mit dem

Christus so zu sprechen, denn der Gesalbte hatte direkten Zugang zum Vater und brauchte keine Mittler. Jesus aber war den Weg noch nicht zuvor gegangen; er brauchte also Hilfe und guten Zuspruch."

„Lass' uns nun vom Tode vor der Auferstehung sprechen, der entscheidenden Probe auf die Gottessohnschaft. Dabei möchte ich dich bitten, sehr genau auf den Augenblick zu achten, in dem das Werk Christi zu Ende geht und er wieder 'gen Himmel steigt, Jesus zurücklassend, damit dieser den Lohn für das Leben antrete, dem er sich so bereitwillig und aus ganzem Herzen hingegeben hatte. Stelle dir die Szene vor, die während des Abendmahls herrschte: die Verwirrung und Kümmernis der Jünger und die Bemühungen des Meisters, sie zu trösten. ‚Euer Herz erschrecke nicht! Glaubet an Gott und glaubet an mich!' Und bald darauf hören wir ihn sagen: ‚Frieden hinterlasse ich euch, meinen Frieden gebe ich euch.' Kurz nach dieser göttlichen Segnung aber finden wir ihn im Garten Gethsemane in einem furchtbaren Kampf, zu dem die Bestürzung der Jünger in keinem Vergleich steht. In seinem Schrecken tritt aus ihm der Schweiß, als fielen Blutstropfen auf den Boden, und wir hören ihn rufen: ‚Vater, willst du, so nimm diesen Kelch von mir, aber nicht mein, sondern Dein Wille geschehe!' (Luk. 22, 42). – Was ist aus dem Frieden geworden, den die Welt weder geben noch fortnehmen konnte? Wie ist diese völlige Veränderung in der Haltung des Mannes zu erklären?"

„Ja, wie?", wiederholte ich die Frage, ohne eine Antwort zu wissen.

„Es gibt nur eine Antwort. Die Trostesworte waren ein Teil der Abschiedsrede des Christus in Jesus, in der er einen anderen Tröster versprach, der für die Jünger da sein würde, wie er, Christus, es für Jesus gewesen war. Dieser andere Tröster würde die Jünger zur Wahrheit führen, unter der Voraussetzung, dass sie weiterhin ihn, den Christus, lieben und seine Gebote bewahren würden. Auf diesen Abschied folgte ein Gebet, in dem Christus unzweideutiger als jemals zuvor den Unterschied zwischen sich und Jesus erkennen ließ. Das Werk des Christus ist vorüber. ‚Ich habe DICH verherrlicht auf Erden und vollendet das Werk, das DU mir gegeben hast, dass ich es tun sollte.' (Joh. 17, 4) Für Jesus, den Menschen, war das Werk aber noch nicht vollendet. Er musste weitergehen zum Tode, damit er die Auferstehung gewönne. Und diesen Weg betrat er allein, als er zum Garten Gethsemane ging. Christus hatte sein Werk vollendet und war wieder aufgestiegen. Wir werden nun noch einmal einen kurzen Blick auf ihn tun, denn er wird zurückkehren, um den Stein vom Grabmahl wegzurollen, auf dass der Mensch, der sich so vollständig verleugnet hatte, um sein Leben dem Christus zu weihen, als Sieger in die glänzende Unsterblichkeit einkehre, die er sich erworben hatte."

„Deine Erfahrung", fuhr RHAMYA fort, „hat dich noch nicht gelehrt, welche nervliche Erschöpfung selbst die viel mildere Kontrolle durch MYHANENE in seinem Instrument auf der Erde jeweils zurücklässt. Du hast deshalb auch keine Vorstellung von der unbeschreiblichen körperlichen Belastung, die Jesus zusammenbrechen ließ, als ihn der Christus nach seiner Abschiedsrede an die Jünger verlassen hatte. Der

Verzweiflungskampf von Gethsemane wurde nicht nur durch Furcht und Schrecken vor dem schmerzlichen Tode erzeugt, den Jesus vor sich wusste; er wurde hundertfach verstärkt durch seine körperliche Schwäche in dieser Stunde. Jesus musste den bitteren Kelch auch nicht nur deshalb trinken, weil es Gott so befahl, sondern damit die Nachwelt sehen könne, dass kein Kummer und Leid, so groß es auch sein möge, jemals dem Leid Jesu gleichkommen würde. In seinem Gehorsam und seiner Opferwilligkeit ging er durch größere Tiefen als sie andere Seelen jemals zu durchschreiten haben werden. Er hatte seinen Körper zu einem Tempel gemacht, den der Christus betreten konnte, er hatte durch Jahre hindurch die höchste, für einen Sterblichen denkbare körperliche Spannung auf sich genommen. Eine Leistung, die uns alle hier, die wir etwas von solchen Dingen verstehen, noch immer in Bewunderung und Ehrfurcht versetzt. Als diese Spannung plötzlich von ihm wich, setzte eine Reaktion ein, die ihn mit der gleichen Wucht in die Tiefe drückte. Aber auch in dieser furchtbaren Stunde war seine Seele dem Gelöbnis treu, das er gegeben hatte: ‚Sende mich und lass' Deinen Willen in und durch mich auf Erden geschehen, wie er im Himmel geschieht'.

„Sein Kelch konnte nicht vorübergehen. Die Menschheit hatte seit Anbeginn einen Weg durch die Schatten des Tales des Todes zur Auferstehung gesucht, ohne ihn zu finden. Jetzt stand sie kurz vor dem Ziel. Gott hatte lange auf den Vorkämpfer gewartet, den er vor den Augen der Welt vertrauensvoll durch die furchtbaren Schrecken des Todes führen konnte. Welch ein unerhörtes Wagnis, das Licht in ihm in dieser Stunde fortzunehmen! Aber Jesus blieb getreu: ‚Nicht mein Wille, sondern Dein Wille geschehe'. Und während ihm der blutige Schweiß herniederrann, setzte er den Fuß vorwärts in die Finsternis. Durch sein Ausharren sollte Gottes Wille der Menschheit offenbar werden, und nicht nur ein Leben, sondern das Leben der ganzen Menschheit sollte durch die Sonne der Wahrheit verklärt werden. Er überwand seine Schwäche und schritt vorwärts auf den ewigen Tag zu. Das Fleisch war schwach, aber der Geist willig; und dieser Geist war die Saat, die die Ernte der Allmacht in sich trug. Doch er hatte noch nicht die tiefste Stelle des Tales erreicht. Hinter ihm lagen der Verrat, die Festnahme, die Geißelung, der Gerichtssaal und die Verleugnung. Er hatte das Fleisch seiner Hände und Füße an den Nägeln des Kreuzes zerrissen, die höhnischen Worte von Priestern und Hohepriestern klangen in seinen Ohren nach, die Qual seines Durstes überwältigte ihn, und immer noch führte der Weg abwärts. Es war unerträglich! Niemals konnte es ein Leid geben, das seinem Leid glich. Er konnte nicht weiter. Warum hatte ihn der Christus verlassen? Warum ließ Gott ihn allein? Dann hielt er inne. Hielt inne, um seine letzte Kraft zusammenzunehmen und aus den Tiefen seiner Verzweiflung ein Gebet empor zu senden, das eine Antwort erzwingen würde. Wann immer ihn der Christus (der Gott) zuvor für eine Zeit verlassen hatte, er hatte nur zu rufen brauchen und die Rückkehr war unverzüglich. Jetzt rief er noch einmal: ‚Mein Gott, mein Gott, warum hast du mich verlassen?', und Erde, Hölle und Himmel wurden von seinem herzzerreißenden Schrei durchdrungen. Daraufhin schwanden ihm die Sinne, und siehe(!), er stieß die ewigen Tore auf! So hatte er der Menschheit den Weg in die Unsterblichkeit gezeigt. Und um die Wahrheit seiner Entdeckung zu verkünden, kehrte er nach kurzer Ruhepause wieder zurück."

Ich hatte RHAMYA mit steigender Spannung, ja Ergriffenheit zugehört und spürte ein Gefühl der Erleichterung, als er geendet hatte.

„Noch niemals habe ich die Bedeutung seines Todes so stark empfunden", sagte ich, „Aber hast du diese Bedeutung zugunsten der Auferstehung etwas zurückgestellt?"

„Nein. Die Auferstehung ist das Wichtigste von allem und der Tod nur eine notwendige Station auf dem Wege zu ihr. Wir können jetzt zur Lehre Christi an den Punkt zurückkehren, da wir von der Auferstehung, oder genauer gesagt, dem Zurückrufen des Lazarus von den Toten hörten."

„Aber sind denn nicht Auferstehung und das Zurückgerufenwerden ein und das selbe?"

„Keineswegs! Dieser Unterschied ist unerhört wichtig: Christus rief die drei Personen in ihre natürlichen, irdischen Körper zurück. Die Auferstehung aber muss im *geistigen* Körper erfolgen, der nicht mehr den Gesetzen der Materie unterliegt. Dieser Körper erscheint und verschwindet, wie er es will. Der Auferstandene wird einmal von Maria für den Gärtner gehalten, ein anderes Mal nimmt er ‚eine andere Form' an und wird nicht erkannt, bis man Emmaus erreicht und Jesus sich durch das Brechen des Brotes zu erkennen gibt. Thomas muss das Mal der Kreuzesnägel sehen, bevor er überzeugt ist. Alle diese Veränderungen zeigen uns, wie verschieden der geistige Körper vom materiellen ist, selbst wenn sein Besitzer ihn für uns fühlbar und sichtbar macht. Paulus sagt, dass allein die Auferstehung Jesu das Licht und die Unsterblichkeit brachten. Der Tod war eine für die Menschen zu vertraute Erscheinung, als dass sie ihr übermäßige Bedeutung beimessen konnten. Aber die Auferstehung vom Tode war ein überwältigendes Ereignis!"

„Darum gingen die Apostel in alle Welt, *Jesus und die Auferstehung predigend,* und bezeichneten sich als den wirklichen Grundstein, auf dem der christliche Glaube ruhen müsse: ‚Wenn Christus nicht von den Toten wieder auferstanden ist, dann ist unser Glaube umsonst.' Das Ziel des Paulus war, *‚ihn zu erkennen dass die Kraft seiner Auferstehung und die Gemeinschaft seiner Leiden in seinem Tode gleichgestaltet werde, auf dass ich gelange zur Auferstehung von den Toten'* (Philipper 3, 10-12). All die sorgfältigen Vorbereitungen der Priester und Römer, sich des Todes Jesu zu vergewissern und das Grab intakt zu halten, wurden, ganz gegen den Willen ihrer Urheber, zu Beweismitteln Gottes! Deshalb mein Bruder magst du deine neue Mission in der Gewissheit antreten, dass die Bekundung der Rückkehr vom Tode der große Eckstein des christlichen Glaubens ist."

„Gab aber nicht Jesus auch sein Blut für die Sünden der Menschheit?", fragte ich.

„Diese Lehre von der stellvertretenden Buße ist allein in den Köpfen der Menschen entstanden. Sie hat nichts mit der Lehre Christi zu tun. Denke doch einmal einen Augenblick an das, was er lehrte: Jeder Baum trägt seine eigenen Früchte; das Maß mit dem ihr messet, mit dem soll auch euch gemessen werden; was immer ein Mensch säet, das soll er auch ernten.' Zachäus wucherte, und er musste zurückerstatten; der verlorene Sohn vergeudete und musste hungern; der reiche Bizel (Luk. 16, 19-31) beachtete nicht den armen Bettler an seinem Tor, und er hatte die Qualen der Hölle zu erdulden; der ungetreue Haushalter musste ins Gefängnis, bis der letzte Heller bezahlt war. In diesem Evangelium Jesu Christi gibt es keinen Raum für eine stellvertretende Sühne: Es ist immer der Sünder selbst, der die Strafe zu tragen hat. Und auch im Hinblick auf das Opfer mögen wir die Worte des Psalmisten beachten: ‚Du wünschest kein Opfer. Die Opfer Gottes sind ein gebrochener Geist. Ein gebrochenes und zerknirschtes Herz, oh Gott, wirst du nicht verachten.' – Ich weiß sehr wohl, dass zwischen diesen und anderen Stellen der Bibel ein Widerspruch zu bestehen scheint. Aber die Bibel ist, wie ich dir schon sagte, nun einmal eine Geschichte sowohl menschlicher als auch prophetischer Dinge, und wir müssen zumindest GOTT und CHRISTUS so zu verstehen suchen, dass ihre Lehre immer folgerichtig bleibt."

RHAMYA erhob sich, um nun Abschied zu nehmen und sich seinen kommenden Aufgaben zu widmen.

„Nicht mehr lange, und du wirst selber auf die Erde entsandt werden, um einen Propheten zu inspirieren. Sei klug und berichte nur von Dingen, die du kennst und verstehst. Lebe wohl für jetzt, und Friede sei mit dir."

RÜCKBLICK

Ich kann mir sehr wohl vorstellen, dass du, mein lieber Leser, in den Worten RHAMYAS schwache Stellen und unzulängliche Folgerungen entdeckt zu haben glaubst. Du hättest ihn in seiner Rede wahrscheinlich an vielen Stellen protestierend unterbrochen und RHAMYAS Beweisführung hätte deshalb gewiss andere Wege und Methoden verfolgt, wärest du an meiner Stelle gewesen.

Wärest du an meiner Stelle; eben hierin liegt der ganze Unterschied!

Lass' uns für einen Augenblick annehmen, es wäre so gewesen. Was wäre wohl geschehen? Ich kann es dir sagen: Alle deine Zweifel wären geschwunden! Eine Kette von Erfahrungen, die zwischen deinen jetzigen Lebensumständen und den meinigen liegen, hätte deine erlernten Urteile und deine Bedenken zerbrochen, dich aufnahmefähig gemacht und in dir den brennenden Wunsch nach reiner Wahrheit eingeflößt. Die dich umgebende geistige Atmosphäre würde so klar und dein Unterscheidungsvermögen so geschärft sein, dass du jedes Wort der Wahrheit unmissverständlich als solches erkennen würdest. Deshalb brauchte RHAMYA bei mir keinen anderen Weg zu gehen. Es war nicht nötig, dass er mir mehr vermittelte als die Grundzüge des Lebens Christi. Das genügte, um mir den Weg der Wahrheit in seinem ganzen göttlichen Glanze zu offenbaren. Wo vorher Chaos herrschte, breitete sich ruhige Klarheit aus, das Gestrüpp der Theologie war fortgeräumt, die Auslegungen von Generationen von Priestern und Konzilen versanken in Bedeutungslosigkeit.

Die Persönlichkeit Jesu Christi stand im Mittelpunkt aller Betrachtungen. Indem RHAMYA seine Aufmerksamkeit auf den einen, ausschlaggebenden Punkt richtete, hatte er zugleich auch alle anderen Wolken von meinem geistigen Horizont gefegt. Das galt besonders auch für die Frage der Verbindung zwischen der irdischen und der geistigen Welt. Ich konnte jetzt meiner künftigen Aufgabe mit einer Zuversicht und Überzeugungskraft entgegengehen, die ich mir vorher niemals hätte träumen lassen. Die Gemeinschaft der Heiligen erschien in einem neuen Licht, und es bedurfte keiner Auslegungen mehr für die Worte aus dem Hebräer-Brief (Kap. 12, 22-23 + 25): *„Ihr seid zum Berge Zion gekommen und zu der Stadt des lebendigen Gottes, dem himmlischen Jerusalem und zu einer unzählbaren Gemeinschaft von Engeln, zur Versammlung und Gemeinde der Erstgeborenen. [...] Achtet darauf, dass ihr nicht den verleugnet, der spricht.“*

Niemand weiß besser als ich, dass der Inhalt dieses Bandes nicht mehr als einen Bruchteil der Fragen beantworten kann, die die Menschheit bewegen. Es ist unmöglich, einen Ozean in eine Nussschale zu gießen! In allem, was ich sage ließ ich mich deshalb allein von einem Grundsatz leiten: meinen Lesern die Wahrheit zu schildern, wie ich sie durch eigene praktische Erfahrung kennengelernt habe, wohl bedenkend, wie gerne ich diese Wahrheit gekannt hätte, als ich noch dort stand, wo meine Leserschaft steht.

Beurteilt bitte meine Botschaft nach eurem eigenen Verstande. Wenn ihr fühlt, dass ich die Wahrheit gesprochen habe, so nehmt sie an; wenn nicht, so seid ihr ebenso berechtigt, sie zu verwerfen. Ob ich wirklich die Wahrheit spreche, das wird euch bald offenbar werden, und wenn eure Ablehnung aus ehrlicher Überzeugung geschah, so werdet ihr keine Sünde begangen haben. Der Gott, dem ich diene, ist nicht so ungerecht, zu verlangen, dass jemand seine ehrliche Überzeugung oder sein Begriffsvermögen blind verleugnet.

Wenn ich im Hinblick auf die Religionen, Glaubensvorstellungen und -meinungen empfindliche Punkte berührte, so geschah das nicht aus Bitterkeit. Wir wissen um die wertvollen Dienste, die die Kirche im Rahmen der ihnen zukommenden Aufgaben für die Menschheit geleistet haben, aber wir sind gezwungen, ihnen den Anspruch göttlicher Autorität für ihre menschlichen Dogmen über Christus, Gott, die ewige Verdammnis und andere Vorstellungen abzuerkennen. Die Kirche wurde ins Leben gerufen, um sich als ‚Kinderpflegerin' der notwendigen Aufgabe zu widmen, die Menschheit aus ihrem kindlichen Dämmerschlaf zu wecken. Aber ein Kind muss wachsen. Wie der Jüngling und Mann die Kinderkleider und -sitten ablegt, so muss die Seele das Erbe der vielen Dinge antreten, die ihr gesagt werden können, wenn sie entwickelt genug ist, um sie zu fassen und zu tragen. Es gibt kein Ende bei Gott! Das anzunehmen hieße vorauszusetzen, dass er auch einen Anfang hätte; dann aber wäre er nicht Gott!

Das irdische Tempelsystem mit seinen Gesetzen und Dogmen, seinen Exkommunikationen und anderen Mitteln zur Erzwingung der Übereinstimmung, wird an der Pforte zum Jenseits als unerlaubtes Gut beschlagnahmt. Deshalb möchte ich, so sehr ich auch das gute Werk der Kirchen auf den ihnen gemäßen Gebieten anerkenne, meine Leser davor warnen, sich allein darauf zu verlassen, dass sie einen kirchlichen Freibrief besitzen. Der einzig gültige Pass zum Eintritt in die Überfülle des Königreiches ist das Licht Christi, das in und aus unserem Inneren scheint. Lasst deshalb, von nun an bis zur Stunde des Scheidens von der Erde, euer Leben ein Gang an der Seite des Meisters 'gen Emmaus sein. Hört auf ihn und folget ihm, beobachtet ihn und tut wie er; erlaubet ihm, in euch den Quell wahren Lebens zu erschließen.

Das ist mein Wunsch an jeden meiner Leser.

ENDE

von Band 2.
Wie's weitergeht erfahrt Ihr auf der
nächsten Seite!

Hinweis auf den *3. Band* des Gesamtwerkes
von Robert-James Lees

Reise in die Unsterblichkeit

„Vor dem Himmelstor"

„Aphraar, der Berichterstatter aus dem geistigen Reich, hat während der Zeit, in der er im ‚Jenseits' seine Erfahrungen machen durfte, eine Pilgerzeit zu einer geistigen Entwicklungsebene erreicht, die ihn die Dinge ‚drüben' im vollen, schattenlosen Licht der Wahrheit sehen lässt."
(R. J. Lees, Mittler und Medium für Aphraar)

In diesem dritten Band erzählt Aphraar unter anderem von

- einem neuen Selbst;
- der großen Scheide-Linie;
- der großen Prüfung des Glaubens;
- dem Tempel aus lebendigen Seelen;
- den sieben Sphären;
- dem direkten Weg;
- der vierten Dimension;
- der Stimme im Garten;
- des Himmels Gärtner
- und vielem mehr.

Aphraar selbst beschreibt: *„Es ist ein verzaubertes Land, das mit jedem Schritt, den ich tue, neue Sinne zu wecken scheint. Gleichzeitig ist es ein Gefühl beseligender Erwartung des Unbekannten, das der nächste Schritt eröffnen wird.*
Ich bin in Gefilde geführt worden, deren Vorhandensein ich noch nicht einmal in meinen Träumen vermutet hatte und die gänzlich unerwartete Offenbarungen für mich bargen."

Mögen seine Erlebnisse *„vor dem Himmelstor"* die Aphraar in diesem dritten Band erlebt und schildert, seinen Lesern einen ersten Blick in ihre wahre Heimat gestatten und ihnen den eigenen Weg dorthin erleichtern.